TopBook
一个人，遇见一本书　　饕书客

游牧文明与中华史

NOMADIC CIVILIZATION AND CHINESE HISTORY

匈奴帝国

（中国台湾）刘学铫 著

TopBook 鬶书客

陕西新华出版传媒集团
陕西人民出版社

图书在版编目（CIP）数据

匈奴帝国 / 刘学铫著 . —西安：陕西人民出版社，2018

（游牧文明与中华史）

ISBN 978-7-224-12662-4

Ⅰ. ①匈… Ⅱ. ①刘… Ⅲ. ①匈奴—民族历史—研究 Ⅳ. ①K289

中国版本图书馆 CIP 数据核字（2018）第 031798 号

著作权合同登记号图字：25－2018－116

出 品 人：惠西平

总 策 划：宋亚萍

出版统筹：韩　琳

策划编辑：王　倩　张启阳

责任编辑：王　凌　关　宁

整体设计：哲　峰

匈奴帝国

作　　者　（中国台湾）刘学铫

出版发行　陕西新华出版社传媒集团　陕西人民出版社

（西安北大街 147 号　邮编：710003）

印　　刷　陕西金和印务有限公司

开　　本　787mm×1092mm　16 开　15.5 印张

字　　数　193 千字

版　　次　2019 年 1 月第 1 版　2023 年 1 月第 3 次印刷

书　　号　ISBN 978-7-224-12662-4

定　　价　45.00 元

前 言

从秦统一华夏（前 221）到清逊帝宣布退位（1911），其间共两千一百三十二年。在这两千多年里，朝代、政权更迭频繁，粗略估算一下，总共有六七十个朝代或政权。

请看：秦、西汉、东汉、三国（魏、蜀、吴）、西晋、东晋、五胡十六国［汉（前赵）、成（成汉）、后赵（魏）、前燕、前秦、成汉、后燕、北燕、南燕、前凉、南凉、西凉、北凉、后凉、西秦、夏］、南朝（宋、齐、梁、陈）、北朝（北魏、东魏、西魏、北齐、北周）、隋、唐、五代（后梁、后唐、后晋、后汉、后周）、十国（前蜀、吴越、南汉、吴、闽、后蜀、南唐、荆南、楚、北汉）、北宋、南宋、辽、金、西夏、元、明、南明、清；而吐蕃王朝、高昌麹氏王朝、回纥汗国等都还没有计算在内。

上面所提到的这六七十个王朝或政权，国祚超过两百年的只有五个，分别是西汉（前206—25，共231年）、唐（618—907，共290年）、辽（907—1125，共219年）、明（1368—1644，共277年）及清（1616—1911，共296年）。

在这五个朝代里，如果从民族的成分来看，唐朝的建国者李氏家族是胡是汉向来是史学界争论的焦点。李渊的先人曾在鲜卑族宇文氏的北周时被赐姓“大野”氏，而高车族（也就是铁勒、敕勒）中也有大野氏，可见李氏一族有着浓厚的少数民族血统。明朝的创建者乃是古往今来许多民族混融后的汉人。至于建立辽朝的契丹族以及建立清朝的女真族（后来称为满族），则是不折不扣的少数民族。如此看来，中国历史是由多民族共同构建而成的。

以往撰写、诠释历史之人，往往对少数民族的史事一笔带过，而且经常以汉人的观点来叙述。所以，打开二十四史或其他私家撰著的历史文献，对少数民族的描述总是以对立面的文字出现，真是何其不公平。

本书希望能开史家之先河，以客观公正为执笔标准，力求展现这些建立草原帝国的民族之历史。

目录

第一章

草原孕育出的匈奴

东迁的高加索人

欧亚大陆的北部，东起大兴安岭，西到里海周边，南到万里长城，北至西伯利亚南端，在这片广袤的地域中，有绵延数百公里的大山脉，如大兴安岭、阿尔泰山、杭爱山、祁连山、阴山、天山；也有寸草不生的沙漠，如大戈壁、毛乌素沙漠、塔克拉玛干沙漠；虽然还有一些内陆河流，但流域都不太大，如塔里木河、阿姆河、锡尔河；此外，就是一望无际的大草原。这片大草原是亚洲最干燥的地区，可以说是农业的“北极”，但是人类是适应力很强的生物，居住在这里的民族为了适应自然环境，孕育出游牧的生活方式。

公元前3000年左右，原来生活在里海北岸、高加索山一带的高加索种各民族，也就是俗称的“白种人”，不知道是出于什么原因，或许是由于气候变化，或许是因为人口增加，开始呈辐射状向东西方向迁徙，向东迁移的民族就和后来的匈奴乃至中国的汉、唐有了密切的关联。

这些高加索种民族的语言属印欧语系。他们像潮水般一波波自西东来，从高加索山脉周边越过里海北岸与咸海周边，进入今锡尔河、阿姆河之间的河中地区。停留在锡尔河以北草原上的一群，后代民族学家称之为“斯基泰人”，汉文古代文献像《史记》《汉书》等则称之为“塞种人”；在河中地区的一群被称为“粟特人”；继续南下进入波斯（今伊朗）、印度的，则以“雅利安”之名为世人所知。

从河中地区东进，翻过今帕米尔高原，进入天山南部塔里木盆地、塔克拉玛干沙漠南北两端各绿洲地区定居下来的，就是汉代西域的三十六国。另一支继续向东，越过吐鲁番，到达今中国甘肃省敦煌、祁连山一带停留下来的民族，中国古史上称之为月氏（音“肉支”），据后世史家推测，月氏族本来还要继续东进，只是遇到发源于今鄂尔多斯高原周边的游牧民族的抵抗，因而选择停留在敦煌、祁连山一带。

由于这一支白种游牧民族的到来，使得原来居住在西北地区的游牧民族开始向东或向南移动，因此不可避免地与定居在中原的农业民族产生了冲突，这时大约是商朝（约前 17 世纪—前 11 世纪）。据《竹书纪年》记载：（商）祖甲十二年（约前 1191），商朝曾率兵讨伐来犯的西戎，这里的西戎就是指西北地区的游牧民族。由此可知，西戎被入侵的他族所驱赶，才会和商朝产生摩擦。如果没有西戎抵挡住来自西方的月氏族，汉人或许也挡不住月氏的进一步东侵。孔子曾经说过：如果没有管仲，我们恐怕早就像夷狄那样披发左衽了。同样，如果没有西戎抵挡月氏的东侵，中原恐怕早就被白种人统治了。

到了周朝（约前 11 世纪—前 3 世纪）时，北方游牧民族南下掠夺中原地区，对谷物、纺织品等农业地区产品的需求日益增多，在正常互市交易不能得到所需要的数量时，往往趁着秋高马肥时“南下牧马”。所谓“南下牧马”就是南下掠夺的意思。由于游牧民族逐水草而居，不善于农事耕种，他们认为大地生长万物是一种自然现象，而大地是先人类而有，而且人属于土地，土地不属于人，既然土地生长万物是自然现象，那么土地上长出来的农产品也不应该为特定的人所有。

此外，游牧民族崇尚力量，认为有力量的人就能拥有物质（包括妻、子），这种对物权的认知原则与农业民族对财产所有权采公认制是截然不同的。因此，在农业地区秋收时，他们“南下牧马”，收割田地上的粮食，并且认为这是“力”的表现，不是掠夺行为。在草原上，哪个部落的力量大，就可以拥有较大的草场。这种崇尚力量的观念是受自然环境制约而形成的，无所谓对错，只是农业民族不能接受这种观念，所以在历代史书中，对草原游牧民族总是以“性喜盗抄”这四个字来形容。

草原游牧民族对于“你”“我”的区隔并不强烈，也就是说没有强烈的民族排他感，只要某一个民族的力量强大了，周边其他民族就都向这个民族靠拢，也自称是这个民族，所以自古以来北方草原游牧民族就很难有单一血缘体。再加上他们很早就实行部落外婚，而且流行掠夺婚，所以民族混融的情形非常普遍，如匈奴强盛时，“诸引弓之国，皆号匈奴”，鲜卑、蒙古也都发生过这种情形。要深究北方草原游牧民族的血缘，是一项高难度的工作。

民族的迁徙就像潮水般一波追逐着一波，从长远的历史过程看，在夏商周时（前 2070—前 256），欧亚北方草原地区的游牧民族大致上是由西向东行进的。像前面说到高加索种从里海北岸，高加索山脉向东、向南迁徙，最远到达今天甘肃西部的敦煌、祁连山一带，从中亚、波斯、印度而至今天我国的新疆、甘肃西部，遇到当地游牧民族西戎、鬼方、荤粥等的抵抗，这才停下脚步，但是月氏仍然称霸于中国的西北。西汉建立之后，形势有了变化，自匈奴冒顿（音“墨毒”）单于崛起后，一直到南宋末年（13 世纪左右）蒙古成吉思汗兴起，这一千五百年间，东方草原游牧民族不停地向西迁徙，匈奴、柔然、高车、突厥、契丹（指西辽）、女真、蒙古无一不是自东向西扩张。这是由于气候变迁，还是出于历史规律？实在耐人寻味。

自夏商周以来，活动于华夏民族西北方的草原游牧民族虽然有鬼方、西戎、狄、荤粥等不同的称号，但这些不同的称号都不是草原游牧民族的自称，而是从事农业的华夏民族给他们的称号。

自大兴安岭西端的呼伦贝尔草原一路向西直到里海沿岸，区域虽大，

北方草原民族匈奴服饰示意图

但地形地貌相当单调一致，大约在中国的氏族公社时期（前3000），塞种人就已经掌握驯马的技术了，很快，整个北亚大草原上的游牧民族莫不精于骑马。所以，尽管草原疆域辽阔，但东来西往并无多大难处，也因此在语言和习俗上彼此混融借用就成为极其自然之事。

早期粟特人（又称吐火罗人）称“天”为“腾格里”，该词东传渗入匈奴语后，匈奴的首领就自称“撑犁孤涂单于”，这个“撑犁”是“腾格里”的另一种音译，“孤涂”是“子”的意思，整个称号的意思就是像天一样广大的单于，如同汉人皇帝自称天子一样，带有君权神授的色彩。人类的习俗总是受生存空间自然条件的制约，所以在差异不大的自然条件下，许多起源于不同地方的民族都有大致相近的生活方式，就像逐水草而居，无屋舍而住帐篷（俗称蒙古包），行烝报婚（新领导者娶过世的旧领导者之妻），拜日月星辰的萨满信仰，等等。所以，我们不能只凭某些民族有相同的若干词汇或有某些相同的习俗，就断定他们属于同一族。以往许多学术论著只凭若干语言或生活习俗就判定匈奴民族来源的方式并不正确。

说起匈奴，这可是人类古代史上不容小觑的民族，他们是头一批跃登西方政治舞台而使白种人胆战心惊、至今余悸犹存的东方人，所以匈奴史有着重要的研究价值。不只如此，如果没有匈奴，战国时期的赵武灵王（前 325—前 298 年在位）根本不会有“胡服骑射”的改革，那么中国的军队或许将长期停留在步兵阶段；如果没有匈奴，《诗经》就会少了许多可歌可泣的篇章；如果没有匈奴，就不会有汉武帝（前 140—前 87 年在位）和同时代的卫青、霍去病、李广、李陵、司马迁及苏武、班超等文臣武将的盖世勋业，藏诸名山、垂于万世的史学巨著也都不可能得以建立；如果没有匈奴，将由谁掀起五胡十六国（约 304—439）民族大融合的序幕？如果没有这一场民族大融合，隋唐璀璨的文化和威服中亚的庞大国力都将不会存在。

最早的匈奴人

匈奴一度将东方世界搅得天翻地覆，何以在鲜卑族拓跋氏建立的北魏（386—534）灭掉赫连夏（407—431）后，中国史书就再也不见“匈奴”这个词汇载于史册？而被东汉（25—220）窦宪打败西逃中亚康居（今乌兹别克斯坦撒马尔罕，Samarqand）的北匈奴（约 91）在休养生息一百多年后，由领袖阿提拉率领挥师向西，把白种人打得落花流水，使原本定居于今北欧的日耳曼民族南下，间接终结了西罗马帝国（476）。然而有“上帝之鞭”称号的阿提拉一过世，令欧洲人胆战心惊的北匈奴大帝国何以在一夕之间就瓦解了？许多学者相信，今日欧洲的匈牙利人就是匈奴人的后裔，实情是否真的如此？如果是真的，北匈奴在西汉（前 206—25）以后难免和中国中原黄种人融合，何以匈牙利人的长相毫无黄种人的体质特征？凡此一切都在告诉我们，研究匈奴史事不但有其重要性，更有其趣味性。

提起匈奴，很多人总以为这是由一个血缘体构成的民族。其实不然，中国北方大草原的几十甚至上百种游牧民族，彼此受自然条件的制约而有了大致相同的生活方式，彼此混融了若干相通的词语，只要某一个部落或者民族出现了一个强有力的领袖，周边的部落或民族往往就依附在这个领袖身边，进而形成一个部落或民族联盟。这个部落或民族联盟就以那位领袖的部落或民族名称作为整个部落或民族联盟的名号，匈奴的情形正是如此。

据推测，公元前三四千年时，生活在今天鄂尔多斯高原的一支部落联盟，由挛鞮氏、呼衍氏、须卜氏、兰氏，后来又加上丘林氏（其后衍化为乔氏）组成，他们自称为“胡”（Hun，或“浑”，即“人”的意思）。其中以挛鞮氏力量最大，挛鞮氏就成为这个民族的领袖。这个民族很早就从西方塞种人那里学会了驯马和骑马，因此商朝时就开始凭借快速的交通工具掠夺农业地区的物资。可能是每次都有斩获，所以附近的部落或民族就都向这个民族靠拢，也都以“胡”的名号向外扩张。中原汉人因此统称这些游牧民族为“胡人”。

对农业民族来说，这些胡人只会抢夺他们的农作物，侵扰他们的生存空间，因此对胡人又惧又怕，对他们的称呼当然也不会有多好听，总带些歧视的意味。以“匈奴”为例，汉人就用了读音相近于“胡”但字意、字音都不好的“匈”字，“匈”有喧嚣的意思，在读音上跟凶手的凶一样，光这样还不够，汉人还在匈字的后面加上了一个“奴”字，于是“匈奴”就成为胡族的汉文称谓。

前文提过，胡族以挛鞮氏、呼衍氏、须卜氏、兰氏以及丘林氏（或作乔氏）等几个部落为主体，后来慢慢吸纳周围的许多部落，大约有十九种之多，形成了一个强大的部落联盟，《晋书》列出了这十九个部落的名称。但也有需要特别加以说明的，如“沮渠部”，这个部落应该不是匈奴，而是中亚康居人。康居、沮渠读音相近，自商朝起就有许多中亚民族组成的商队向东开展贸易，一个商队少则四五百人，多则上千人，康居人即在其中。这些从商的民族进入东方后，滞留在中国，或者被匈奴所征服，于是就成为匈奴的一个组成部分，管理这一部落的酋长被称为沮渠，《晋书》也因此称之为沮渠。后来因为人口渐渐多了，就设了

汉人耕种图

根据图里面的设备和服装推测，此图的时代应是魏晋南北朝

左沮渠、右沮渠两个官职。五胡十六国后期，沮渠的蒙逊曾建立凉政权，史称“北凉”。一般文献都将北凉政权列入匈奴系，但是如果追本溯源，沮渠氏的北凉应该属于西胡系。

另有所谓匈奴别部“羯”族的，以往所有史书都把羯族视同匈奴系，一千多年来也没人提出异议。其实《晋书·载记》（专记五胡十六国）即指明羯族是匈奴别部，等于说羯族不是匈奴。

西汉时，匈奴势力大盛，威服西域达到中亚。中亚锡尔河、阿姆河两河之间的昭武九姓诸绿洲国家，如石国、康国、曹国、米国等，一时之间都臣服于匈奴。匈奴也曾经把这些绿洲国家当中骁勇善战的青年战士掳掠到东方来，大约都集中于今山西省离石附近居住，以便管理。石国、康国等国家把骁勇善战的青年勇士称为柘支、柘羯或赭羯，匈奴将这些青年掳掠东来，集中分布在离石附近，由于此处是赭羯人的集中地，所以便将这个地方称为羯室。有许多文献或论著不明就里，就说羯族源于羯室，这完全是倒果为因的说法。

羯族也是西胡，晚至西晋（4 世纪初），羯族仍保留有羯语。不只如此，羯族人在长相上“深目、高鼻、多须”，这是西方白种人的体质特征，与东方的匈奴、汉人有绝大的不同，以往诸多文献都把羯族石勒所建的赵政权（史称后赵，319—351）列入匈奴系，这是错误的说法。

第二章

匈奴的族源

中文史籍论匈奴

论及匈奴史，当然要从族源说起。匈奴虽然曾打入西方世界，但是西方史料对于匈奴早期的历史都没有记载，所幸汉文文献或史料记载了不少匈奴历史，《诗经》中就有至少六首提到了与匈奴有关的事情，其中三首明确点出匈奴早期的称号为“猃狁”，这三首分别是《采薇》《六月》及《出车》：

采薇采薇，薇亦作止，曰归曰归，岁亦莫止。靡室靡家，猃狁之故。不遑启居，猃狁之故。……驾彼四牡，四牡骙骙，君子所依，小人所腓。四牡翼翼，象弭鱼服，岂不日戒，猃狁孔棘。（《采薇》）

六月栖栖，戎车既饬，四牡骙骙，载是常服，猃狁孔炽，我是用急，王于出征，以匡王国。……四牡修广，其大有颙，薄伐猃狁，以奏肤公。……猃狁匪茹，整居焦获，侵镐及方，至于泾阳。织文鸟章，白旆央央，元戎十乘，以先启行。戎车既安，如轾如轩，四牡既佶，既佶且闲。薄伐猃狁，至于大原，文武吉甫，万邦为宪。（《六月》）

王命南仲，往城于方，出车彭彭，旂旐央央。天子命我，城彼朔方，赫赫南仲，猃狁于襄。……喓喓草虫，趯趯阜螽，未见君子，忧心忡忡，既见君子，我心则降。赫赫南仲，薄伐西戎。

春日迟迟，卉木萋萋，仓庚喈喈，采蘩祁祁，执讯获丑，薄言还归，赫赫南仲，猃狁于夷。（《出车》）

这几首诗，经考证大约是咏西周宣王时和匈奴作战的事。宣王大约是公元前827年到公元前782年的西周君主，可见这时匈奴的力量已经强大到可威胁西周了。

之后，东周战国时期的韩、赵、魏都和匈奴接壤，为了防御匈奴，因此修筑长城，可惜这一时期的史书并没有提及匈奴族的来源，一直到西汉司马迁写《史记》时，才对传说中关于匈奴的族源以及匈奴的军政制度、社会习俗等做了系统的记载。但是，《史记·匈奴列传》所记录的匈奴族源却和《史记·五帝本纪》所记载的内容有所矛盾，《史记·匈奴列传》对于匈奴族的来源，有这么一段记载："匈奴，其先祖夏后氏之苗裔也，曰淳维。"

东汉时，班固著有《汉书》，也引用了这段史料。唐代史学家颜师古在注《汉书》时，对"淳维"的解释为："以殷时始奔北边。"三国时，孟康著《汉书音义》更进一步指出淳维是"匈奴始祖名"。唐代司马贞的《史记索隐》也称："淳维以殷时奔北边。"但这些学者都只是根据《史记》的记载信笔而书，并没有提出任何有力的证据。

其后乐彦的《括地谱》更夸张地做了以下的结论："夏桀无道，汤放之鸣条，三年而死。其子獯粥妻桀之众妾，避居北野，随畜移徙，中国谓之匈奴。"

如果这个说法能够成立，那么对照上述史料，往北迁移的淳维就是獯粥，即为匈奴，而且匈奴是夏禹子孙的后代。而传说中夏禹的父亲是鲧，鲧是颛顼的儿子，颛顼的父亲是昌意，昌意又是黄帝的儿子。如果这一系列传说成立的话，獯粥（匈奴）也就成了黄帝的后代。

然而事实并不是如此，同样是《史记》，在《五帝本纪》中对黄帝的出身与他的功勋是这样描述的："黄帝者，少典之子，姓公孙，名曰轩辕。……东至于海，……西至于空桐，……北逐荤粥，合符釜山。"

这里的"荤粥"，据《史记索隐》说："匈奴别名也。唐虞已上曰山戎，亦曰熏粥，夏曰淳维，殷曰鬼方，周曰玁狁，汉曰匈奴。"

从这段话来看，黄帝时就曾和匈奴的祖先荤粥作战，这个民族在夏代称淳维。这下真相大白，匈奴绝不可能是黄帝的后代，且匈奴在夏代称淳维，当然也不可能是夏桀的后人。所以《史记·匈奴列传》对匈奴族源的说法是不可采信的。只是历来汉人史家基于热爱华夏的心理，仍然采信这个错误的说法，例如近代学者吕思勉在他所著的《秦汉史》中仍然说："《史记》曰'匈奴，其先祖夏后氏之苗裔也，曰淳维'，固无确据，然系世所传，多非虚罔，读先秦史可见。文化恒自一中心传播于其四面；文明民族中人，入野蛮部落，为之大长者；尤偻难悉数。则《史记》此语，虽不能断其必确，亦无由断其必诬，此固无足深论，然匈奴文化受诸中国者甚多，则彰彰矣。"

匈奴不可能源于黄帝后裔，不能只因为匈奴撷采了某些汉人的文明，就坚持《史记》之说"亦无由断其必诬"。

西方史籍论匈奴

关于汉民族自大的心态，西方学者巴克尔（E. H. Parker）在他所著的《匈奴史》中就明确地提出了批判，巴克尔说："中国史家论述周边诸国政治起源，动辄就喜欢归诸中国流徙亡命之徒，以为此辈善于适应当地风尚，重视知书识字，所以容易居高位，掌大权，而结各民族以成一国。”

巴克尔的说法虽早于吕思勉，但仍然等于给了吕思勉重重一击。从以上分析应该知道，匈奴族源与华夏汉民族是毫无关联的。

匈奴既然不可能与汉人同祖，于是有些西方学者就认为，匈奴应该是突厥种，像法国汉学家雷莫萨特（Jean-Pierre Abel-Rémusat）、德国史学家克拉普罗特（Julius Heinrich Klaproth）等都持这种主张，也有个别中国学者如冯家昇等加以附和，他们唯一的论据就是《史记》《汉书》里记载的少许匈奴语汇的汉字音译，以这些汉字音译的匈奴语和现今还说突厥回纥语民族的语言做比对，而后得出这个结论。他们用了哪些匈奴语汇呢？重要的有以下几个：

单于：《汉书·匈奴传》称：“单于者，广大之貌也，言其象天单于然也。”属突厥语的察哈台语（Caga Tai，现已消失），曾流行于今天中亚以至我国新疆各民族。在这种语言中，“强盛广大”的音为 Cong 或 Zengiz，这些史家认为这就是单于的对音。但其实无论是 Cong 还是 Zengiz，都与单于的读音有很大的出入。

撑犁孤涂：《汉书·匈奴传》说：“匈奴谓天为撑犁，谓子为孤涂。”这些学者以今天土耳其（突厥后裔）语的“天”读音近似于 Tangri、Tegri 或 Tangite，因此认为“天”是撑犁的对音，所以主张匈奴和突厥是同一个民族。但其实 Tangri 一词的由来是古高加索白种人对“天”的称呼，中文又音译为“腾格里”。匈奴只是借用了这个词，后来的突厥、察哈台语乃至蒙古族，也都把天读作腾格里，如果那些学者的主张可以成立，那么许多不同的民族都成了一家人。

其次，他们又以今日通古斯语族读“子”为 Kuttu；通古斯族中的巴尔古金（Barguzin）人读“子”为 Guto，都与孤涂同音为据。如果这个说法成立的话，那么匈奴又变成了通古斯族。

“通古斯”是古史上的肃慎系民族，分布地区大致在西伯利亚东部以及中国大兴安岭以东地区，而突厥的起源地，经中外学者考证，一致认为在今天我国新疆阿尔泰山一带，两者相差好几千公里。突厥肯定不是通古斯族，如果匈奴是通古斯族（根据孤涂的读音相同为前提），那么匈奴的起源和突厥就不会有关系。

头曼：最早出现于汉文史籍的第一个匈奴单于名叫头曼，土耳其语读“万”为头曼，即 Tumen 或 Tuman，所以上述学者认定匈奴与突厥同族。其实人类民族虽多，各有不同的语言，但是人类发音器官都只用到喉、口、鼻、舌，所以在不同民族的语言里，经常会找到发音相似或相同的字眼。且 Tumen 在土耳其语中的意思是“万”，那跟匈奴的头曼单于又有什么关联呢？何况今日蒙古语的“万”也读作 Tumen，如果这些学者的说法可以成立，那岂不是等于说今天的土耳其人跟蒙古人是同一个民族？

还有许多匈奴语汇，像“冒顿”“稽粥”“骨都侯”“祁连”“焉支”，这些学者也在土耳其语中找一些读音相似的词汇做印证，但是都经不起验证。

其实要在不同的语言里找到一些相同读音的词汇或语句，是很容易的，信手试举一例，英语中的 See you tomorrow 和福州方言的“酱油都没了”几乎一模一样，如果据此断定说福州话的人是高加索种，那岂不成为民族学上的一大笑话。

再说匈奴最早的分布地在鄂尔多斯高原一带，而突厥则源于阿尔泰山一带，两者距离过远。更何况北魏灭掉匈奴系的赫连夏后，匈奴之名不再出现于中国史书，一百多年后，突厥才跃登历史舞台，两者在民族血缘上实在不该扯在一起，只是在北亚草原上自东到西的自然条件相当接近，彼此在语言、习俗上互相借用和模仿是极自然的。

匈奴既然不可能和突厥同源共祖，于是又有一些学者主张匈奴和蒙古族有血胤关系，持这种主张的有帕拉（Pallas）、贝格曼（Bergmann）、史密德（J. J. Schmidt）、比乔林纽曼（Bischurcn Neuman）、日本学者白鸟库吉，以及许多蒙古籍学者。他们所根据的理由归纳起来有三点：

其一，现今蒙古语中有若干和《史记》《汉书》所载的匈奴语接近，像“駞”，就是蒙古语中的骆驼。另有“屠耆”，《史记·匈奴列传》称：“匈奴谓贤曰屠耆。”现在蒙古语称贵族为 Taiji（台吉），于是就认定匈奴语和蒙古语相同。这个说法太过牵强，Taiji 可以解释成“太子”的蒙古语读法，在早期蒙古词汇里，如《元朝秘史》（成书于 1240 年，作者不详）里就不见 Taiji 这个词，到后来蒙古人跟汉人接触多了，知道太子在汉文里的意义，于是才有了 Taiji 这个词。可见以词汇作为匈奴与蒙古同源共祖的证明是靠不住的。

其二，这些学者认为，匈奴被秦将蒙恬逐出鄂尔多斯高原后（约前214），才逐渐向漠北发展，后来在汉武帝时，汉族夺下祁连山，匈奴才以漠北为主要聚居区。蒙古族的可汗铁木真（成吉思汗）于南宋宁宗开禧二年（1206）灭乃蛮后，统一了今天的蒙古国，所据有的空间似乎与匈奴相当，所以据此认定匈奴是蒙古族。可是他们忘了，五胡十六国时代中期之后，匈奴一词已经从历史舞台上消失，而蒙古一词最早出现于两《唐书》，分别以蒙兀、蒙瓦载入，而且只是室韦的一部，在时间上跟匈奴的消失差了至少三个世纪，把蒙古与匈奴硬扯在一起，无论从哪方面看，都说不通。不同的民族很有可能在不同的时间拥有相同的空间，绝不可以只因他们拥有相同的空间就认定他们是同一个民族。

其三，许多蒙古籍的史学家都指称蒙古人是匈奴的后裔，这只是基于民族虚荣心的意识，因为匈奴是东方第一个跃登西方世界的民族，曾经带给西方白种人莫大的压力。但是就史论事，这个说法还是不能成立的。如果再进一步分析，且看《元朝秘史》以及两《唐书》所载，蒙古族初兴起时是在东北大兴安岭西部额尔古纳河一带，而匈奴是在鄂尔多斯高原，两者一东一西相距几千公里，称他们为邻近部落仍嫌远，怎么可能同源共祖呢？

匈奴既然不可能跟蒙古同源共祖，于是又有人主张匈奴人属于北欧日耳曼族的芬族，持这种看法的有西方学者马丁（Saint Maitin）、谢美诺夫（Semenoff）、尤萨李维（Uiealiuis）以及近代学者胡秋原，可是他们只提出主张，并没有举出实证。其实匈奴西侵是在被东汉窦宪打败后，先在中亚停留了数百年，大约在4世纪中叶之后才进入欧洲，并跟芬族发生关联，如果因此说匈奴是芬族，不免有倒果为因之嫌，也是不可采信的说法。

还有更荒谬的说法，苏联学者阴若特兰且夫（G. Ineatianceu）在他所著的《匈奴与匈人》（*Chunnuund Hunnen*, 1926, 2nded）中，提出匈奴是斯拉夫种，但毫无证据，所以根本不值得采信。

那么匈奴的族源究竟是怎样呢？其实我们不必在没有足够的文献以及足够的考古资料时，急于证明匈奴究竟与哪一个古老的民族有血缘关系，替匈奴民族寻找一个祖宗。所以本书暂且认为匈奴就是匈奴，是自成一系的民族。

第三章
匈奴的语言与习俗

匈奴的语言

不同的民族有不同的语言，有时虽然是同一个民族，但由于分布地区的不同，彼此所说的话也不完全一样。以汉族为例，除了官方语言普通话外，各个地区还是或多或少的有些不同的口音和习惯用语。如长江以南，虽然也都是汉人，但又有吴侬方言、闽方言、闽南方言、客方言与粤方言等，彼此几乎难以沟通。不过，即使如此，各种方言与官方语言在语法上还是基本一致的。但是不同民族间的语言，在语法结构上就完全不一样了。

人类的语言虽然多到成百上千种，但是如依照语型（Language Type）区分，只有下列四种类型：孤立语型（Isolating Language Type）、胶着语型（Agglutinative Language Type）、曲折语型（Inflectional Language Type）和复合语型（Polysynthetic Languages Type）。

在每个语型之下，又分为若干语系（Language Family），语系之下再分为若干语族，语族之下为语言，其下则为方言。

整个北亚草原的游牧民族，从古老的匈奴到晚近的蒙古，在语言类型上都属于胶着语型下乌拉阿尔泰语系的阿尔泰语族。匈奴的语言就是属于阿尔泰语族下的匈奴语，这种语言的特色是复音节单声调，在语法结构上是“主词＋受词＋动词”，因为动词可以呈现主词，所以主词就可以省略掉。但由于匈奴语言保留在《史记》《汉书》和《后汉书》中的只有一些零星的词汇，所以无法进行深入的探讨和研究。

每一个民族都有自己的语言，却并不是每一个民族都能创制出自己的文字。从既有文献来看，在中国境内的匈奴民族从来没有创制过文字，《史记·匈奴列传》就说匈奴“毋文书，以言语为约束”，《汉书·匈奴传》也有同样的记载。《后汉书·南匈奴传》则进一步指出：“主断狱听讼，当决轻重，口白（冒顿）单于，无文书簿领焉。”可见匈奴即使是在强盛的冒顿单于时代，也没有文字。

但是《史记》《汉书》和《后汉书》又记载了汉、匈之间曾有“国书”往来，既然有书信往来，就必然有文字。经过近代许多史家考证，那时匈奴所使用的文字是汉文，因为当时既然许多匈奴人降汉，也有许多汉人降于匈奴，比较有名的像西汉的韩王信（不是跟刘邦打天下的韩信，而是战国时代韩国王室的后裔，西汉初立为韩王）、赵王，以及奉使送和亲公主到匈奴的中行说（音“中杭悦”）等人，这些汉人教导匈奴使用汉字。如《史记》中记载：“于是（中行）说教单于左右疏记，以计课其人众畜物。”可见当时匈奴还是有用文字记载国家重要事件的现象，只是使用的文字是汉字。

这种情形一直到南匈奴附汉，乃至南匈奴后裔刘渊建立“汉”（西晋惠帝永兴元年，304。后改称赵，史称前赵），或赫连夏时期，情况都没有改变，匈奴还是使用汉文。

至于西迁的北匈奴，到了中亚康居后，是否创制或借用了中亚已有的粟特文来拼写匈奴语言呢？

北匈奴西迁中亚时，中亚各绿洲国家也就是汉文史料上所说的昭武九姓各国早已有了足以使用的拼音文字，或称之为粟特文，或者叫作吐火罗文（经近代学者研究又可分为甲、乙或A、B两种，流通于西域）。北匈奴到了康居之后，身处粟特文化圈，是否会借用粟特字母拼写匈奴语言？到目前为止，还没有在史料上找到证据。不过据相关史料，北匈奴西徙中亚康居后，为了核计人口牲畜，以及绘制山川形势的地图，仍然是使用汉字。根据《汉书·元帝纪》载："建昭四年（前35）春正月，以诛（北匈奴）郅支单于，告祠郊庙，赦天下，群臣上寿。置酒，图书示后宫贵人。"这里的"图书"显然是指匈奴第一次分裂后，西汉讨伐北匈奴单于郅支后所获得的图书，其中可能包括了书籍簿册以及山川形势图，汉元帝把这些图书"示后宫贵人"，这些图书上的文字必然是后宫贵人看得懂的汉字。所以说北匈奴西徙后，身边一定还有不少汉人替北匈奴处理文书工作，用的仍然是汉字。

至于后来从康居出发西侵欧洲的另一支北匈奴，他们的文字使用情况又是如何呢？据欧洲史料记载，进入欧洲的北匈奴人似乎有自己的文字，并且有了以匈奴文写成的诗词歌咏，如果这个记载属实的话，他们

汉字的优势

任何民族都是从绘画开始沟通受时空阻隔的思想，绘画式文字也就是象形文字必须是具体的东西才能画下来，因此象形文字如果不能超越具体，无法描绘抽象的话，就不能发展出完整的视觉文字，所以世界上许多民族最后都放弃了这种以视觉为主的象形文字，而另行创制以听觉为主的拼音文字。

就目前情形看来，举世只有汉字以转注、形声、假借、会意、指事等方式，克服了象形所无法表达抽象的困境，成为唯一的视觉文字。这种文字的好处是不受时空的约束，不会因读音的不同而改变文字的含义，如今天的汉人或是其他民族，只要具有中学文化程度，就可以直接阅读《论语》《史记》《汉书》等经典。

所使用的匈奴文已经相当成熟了。依据欧洲史料所载，当时已有认得匈奴文的罗马人，而匈奴也有人通晓罗马人使用的拉丁文，遗憾的是，这种匈奴文并没有流传下来，使这一历史真伪难辨。

匈奴的习俗

匈奴的习俗可分几方面来说，先说匈奴民族的信仰。蒙古一些岩画，证明了早在五六千年之前或者更早，生活于北亚草原的匈奴或者匈奴的先人就已经具有信仰。人类之所以有信仰，是对大自然的风雨雷电等自然现象感到恐惧，而大自然孕育万物如牲畜草场使人们衣食无缺，因而有了感恩之心。今年的水草丰美，牲畜顺利繁殖，除了感恩，更期盼来年也是如此。这种许愿、感恩以及恐惧，构成了人类产生信仰的心理因素，匈奴民族自不例外。

许多民族学、社会学、人类学及宗教学的学者专家研究后，认为匈奴民族的宇宙观是垂直的，人类所居住的地区为地面界，其上为天上界，其下则为地下界，换言之就是“天堂”“人间”及“地狱”。匈奴人认为天上界为诸神所居，而诸神有其“阶级之分”（Hierarchy），自至高无上的天神，以至日、月、星辰诸神；地下界（地狱）则以最大的魔神为首，诸魔也有层次，例如各种鬼神乃至人类死亡后的灵魂；地面界则有土地、山川、水火等神灵所构成的万神，这些自然界的各种力量，对天上界的各种神祇也要表现出绝对的尊崇与畏惧。这种万物有灵的现象，民族学家或宗教学家称之为“泛灵信仰”（Animism）。

但是，凡夫俗子是无法与诸神或诸魔进行沟通的，必须通过一个“通灵”的人作为人与神鬼之间的媒介，这个媒介称为“萨满”（Shaman），通常是由妇女经过“专业”训练后担任。许多论著把这种泛灵信仰称为萨满教，以严格的宗教定义来说，萨满信仰还不具备成为宗教的必要条件，只能称为信仰。

匈奴民族有史以来都是泛灵的萨满信仰，例如《史记》就记载：“岁正月，诸长小会单于庭[①]，祠。五月，大会龙城，祭其先、天地、鬼神。秋，……”

可见匈奴是既拜祭祖先，又祭祀天地、鬼神的萨满信仰，日常生活也离不开对日、月的崇拜。《史记·匈奴列传》称匈奴：“单于朝出营，拜日之始生，夕拜月。”至于要举办大事或举兵出击时，更是离不开对日、月的观察与膜拜。同书又称：“举事而候星月，月盛壮则攻战，月亏则退兵。”由此可见对日月星辰之重视。

此外，匈奴对鬼神也极为迷信。例如西汉将军李广利投降匈奴后（汉武帝征和三年，前90），颇受匈奴单于重视，结果早先投降匈奴的卫律（时被封为丁零王）感到不是滋味，于是串通匈奴的萨满要陷害李广利。萨满在做了一连串的法事后，诈称已崩殂的上一任单于要以李广利的血祭献灵位，李广利自然不甘心，临死前大骂：“我死后变成厉鬼也要灭掉匈奴！”说来也巧，这年的雨雪连下了好几个月，牲畜死伤众多，而匈奴也有多人感染重病，河谷地带所种的谷物也不结穗。这下匈奴单于害怕了，认为是李广利的鬼魂作祟，连忙为李广利建立祠堂，加以祭拜，希望能消灾避祸。从这件事即可证明匈奴是崇拜鬼神的。

匈奴的泛灵信仰到了西汉后期有些改变，因为一般的泛灵信仰并没有固定的偶像崇拜，甚至没有偶像，但是西汉的霍去病率兵过焉支山北

① 匈奴单于驻牧的地方。

击匈奴时，获得“休屠王祭天金人”（事见《史记》），可见匈奴已经有了固定的偶像崇拜。

休屠王的儿子入汉后，以“本以休屠作金人为祭天主，故因赐姓金氏”（见《汉书·金日磾传》）。这尊匈奴祭天的金人有三米多高，汉武帝把它安置在甘泉宫（在今陕西省甘泉县西南），且不时加以祭祀。可惜《史记》《汉书》对这尊金人都没有更详细的记载，所以后世无法进一步加以研究。汉武帝时，佛教似乎已经传入中亚了，可是这尊金人是不是佛像也已经无法考证了。只能说，如果是的话，就表示佛教在西汉初期（前2世纪）就已经传入北亚草原了。不过纵然如此，从这之后有关匈奴信仰的记载都不见佛教踪迹，这个历史谜团只好继续成为千古不解之谜了。

匈奴非常崇信萨满，据《汉书·西域传》所载，匈奴常命萨满在部队要经过的路上或河流之下埋下牛羊，用以诅咒敌军。此外，匈奴单于赠送给汉朝皇帝的马也都先让萨满念过祝祷词。在史传里萨满都写作“胡巫”，匈奴人的“胡巫”信仰是很普遍的，由于有一些匈奴人投降西汉，所以这种崇拜胡巫的习俗也在汉人中间流行起来，例如汉安定郡所属的朝那县（今甘肃省平凉市西北），有十五个拜祀的场所，其中就有胡巫祝祷诅咒。这种迷信胡巫的情况后来居然传播到宫廷中。据《汉书·江充传》载，汉武帝曾命江充调查宫中的巫蛊事件，江充就带了胡巫查看，这至少证明中原王朝境内也有人信仰胡巫，而且也有胡巫到中原地区服务。

匈奴的胡巫不但能和神灵鬼怪沟通，还能治病救人，史传称这种胡巫为“毉”（音义同“医”）。如苏武在匈奴时，因副使介入匈奴内部夺权事件被牵连而引刀自杀，但是人还没断气时，卫律就赶忙请来毉，就地挖一个坑，放些木柴点起小火，把苏武放在上面，用脚踩苏武的背，让苏武继续流血。苏武原本已经几乎没了呼吸，经过胡巫半天的“治疗”

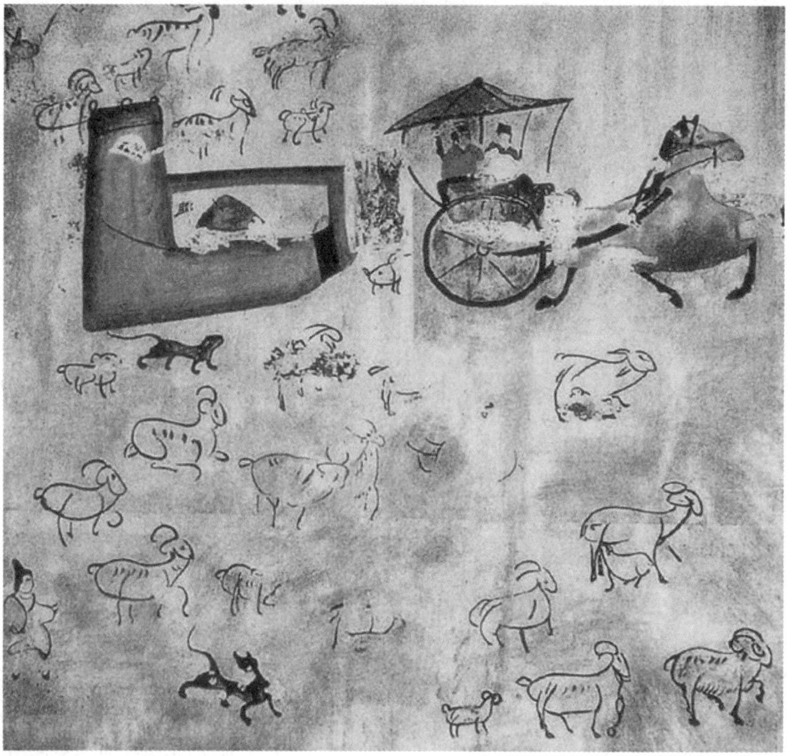

西汉匈奴牧羊想象图

后，又活了过来，足以证明胡巫确实有治病救人的职能。即使到现在，居住于大兴安岭一带的萨满也还具有治病的职能。

其次，说到匈奴的婚姻习俗，与匈奴以及后来北亚草原游牧民族有关的婚姻形式，大约有掠夺婚、烝报婚以及赐婚等，其中尤以烝报婚最为汉人所诟病。其实这是汉人不了解草原民族的社会结构，并且把汉人的观点加在草原游牧民族之上，才会有如此既不正确更不公平的偏见。

烝报婚或叫“收继婚”，所谓“烝”是指晚辈收继直系尊亲属之寡妻；“报”是指晚辈收继旁系长辈的寡妻。

在汉人社会里，烝报婚被认为是不光彩且违背伦常的，然而在北方

掠夺婚

人类从母系社会进入父系社会后，已经确立了财产私有制，也渐渐从乱婚制进入一夫一妻制，而且经过长时间的经验累积，知道近亲婚配容易生出不健康的后代，所以氏族外婚或部落外婚已成为各民族的共识。要从别的部落寻找配偶，最方便的方式莫过于掠夺了，所以从匈奴一直到蒙古，都有掠夺婚的习俗。

就以蒙古族为例，铁木真的父亲也速该的妻子就是抢来的，而铁木真的妻子也曾经被篾儿乞人抢去。《史记》《汉书》虽然没有提到匈奴有掠夺婚的习俗，但是以蒙古族有掠夺婚推测匈奴也有掠夺婚，应该是可以成立的。不仅如此，直到今日，中亚国家乌兹别克斯坦还有这个习俗，这样看来，匈奴应该也有掠夺婚。

草原游牧民族里，烝报婚是一种正常的婚姻形式。《史记·匈奴列传》就有这样的记载："匈奴之俗……父子兄弟死，取其妻妻之，恶种姓之失也。"这种娶后母及娶兄弟妻为妻的现象，在匈奴社会乃至中亚、北亚所有游牧民族中，都是正常的婚姻习俗。

汉文史料中也有几桩具体例子：汉成帝建始二年（前 31），南匈奴呼韩邪单于死，儿子雕陶莫皋继立，称复株累若鞮单于，就娶了先前嫁给呼韩邪单于的王昭君。又如汉宣帝地节二年（前 68），匈奴壶衍鞮单于死，他的弟弟虚闾权渠单于嗣立，以右大将女为大阏氏（音"胭脂"，即单于之妻，相当于中原王朝的皇后），废黜原壶衍鞮单于的颛渠阏氏，也就是说，虚闾权渠单于违反了匈奴社会传统"妻兄弟之妻"的习俗，此举引起颛渠阏氏的父亲左大且渠的怨恨（事见《汉书·匈奴传》）。可见烝报婚或收继婚不仅是匈奴社会的一种婚姻习俗，更是一种社会制度，任何人都不能轻易违反这种社会既定的习俗和制度。

如果从另一方面看，烝报婚更有其社会、经济方面的必然性。匈奴社会早已采行家父长制，所有财产包括牛、羊、马、骆驼、帐篷，乃至奴隶，在家庭中归家父长所有，在整个国家中，由单于支配。而单于的阏氏当然可以分配到若干帐篷、牲畜及奴隶，老单于一旦崩殂，她的阏氏身份自然消失，那么这些帐篷、牲畜以及奴隶都将由新单于收回，请问老单于的阏氏将何以为生？只有新单于娶了她之后，她才可以继续享有阏氏名位，并拥有原来分配给她的一切。

其实这种烝报婚不仅盛行于匈奴民族，几乎所有北亚、西域各民族都存在。汉武帝以其弟江都王刘建的女儿为细君公主，嫁西域乌孙昆莫（首领）猎骄靡，当时猎骄靡已经很老了，没多久就驾崩了，由他的孙子岑陬嗣位。依照乌孙的婚俗，细君公主要再嫁给岑陬，可是细君公主认为这跟汉人的礼俗不合，于是奏报汉廷，汉武帝要她“从俗”，细君公主也就嫁给了岑陬。后来细君公主过世了，西汉又以解忧公主嫁岑陬，岑陬死后，解忧公主又嫁给嗣立的岑陬叔父大禄的儿子翁归靡，翁归靡死后，解忧公主三度嫁给岑陬与其他妻子生的儿子泥靡（翁归靡的侄子）。这种错综复杂的婚姻关系对游牧民族来说都属正常。

北魏孝庄帝（6 世纪左右）时，北魏分裂为东魏和西魏。东魏实权掌握在大臣高欢手中，高欢虽然自称渤海修县汉人，但是在思想行为上已经完全鲜卑化了，后来他的儿子高洋篡东魏建北齐，追谥高欢为神武皇帝。据《北史·后妃传》所载，高欢曾娶柔然可汗阿那瑰的女儿，史称蠕蠕公主。柔然在当时或称茹茹、芮芮，北魏为了丑化异族，而称其为蠕蠕，意思是像虫一样愚昧无知。高欢过世后，儿子高澄就依照柔然的习俗，

明妃出塞图

由宫素然所绘，描述的是汉元帝时宫女王嫱（字昭君）远嫁匈奴前往塞外的情形。宫素然，生平不详，只知是镇阳（今河北省定州市）人。此画现藏于日本大阪市立美术馆

再娶这位蠕蠕公主，并且生了一个女儿，可见这种烝报婚连自称是汉人的北齐高氏也照单全收了。

至于柔然本身更是奉行不渝，据《魏书·蠕蠕传》所载：当初柔然豆仑可汗死了，由那盖嗣立，豆仑的堂兄弟伏图就收纳豆仑妻子候吕陵氏，生下丑奴、阿那瑰等六人。可见这种叔娶嫂的方式在柔然社会也是一种习俗。

柔然之后突厥崛起，也实行这种烝报婚。据《北史·突厥传》以及《通典·卷一九七》“突厥”条所载：隋朝义成公主最初嫁突厥启民可汗，启民卒，又嫁他的儿子始毕可汗，之后又嫁始毕之弟处罗可汗及处罗之弟颉利可汗。由此可知，突厥之后的北方游牧民族始终有烝报婚的习俗，但最早见诸文献的还是匈奴民族。

再来看匈奴的葬俗，据《汉书·匈奴传》所载，匈奴的葬俗是：“其

送死，有棺椁（音‘果’）、金银、衣裳，而无封树丧服，近幸臣妾从死者，多至数十百人。”如果从这项史料来看，匈奴在葬俗方面似乎跟中原汉人有一部分相似，如厚葬、殉葬等。

苏联考古学家柯兹洛夫（P. K. Kozlov）在1924年至1925年间，于今蒙古国首都乌兰巴托以北约七十公里的地方挖掘出一个匈奴古墓群，墓壁以缎铺镶，棺中镶金厚如一个制钱，棺木呈角形，墓中有相当多的陪葬品，像玉印、绵、罗等，每墓中有六、八以至三十具不等的女性骨骸，足证《汉书》所说“有棺椁、金银、衣裳……臣妾从死者，多至数十百人”的记载是正确的。

至于匈奴民族的发式和服饰也需要稍做介绍，因为发式和服饰可以显示一个民族的特色，北方草原游牧民族是披发左衽的。所谓披发，并不是披头散发，而是在头发的尾端加以扎结。在我国陕西省西安市匈奴古墓出土的一件铜质饰牌上，有两个正在摔跤的匈奴人，可以很清楚地

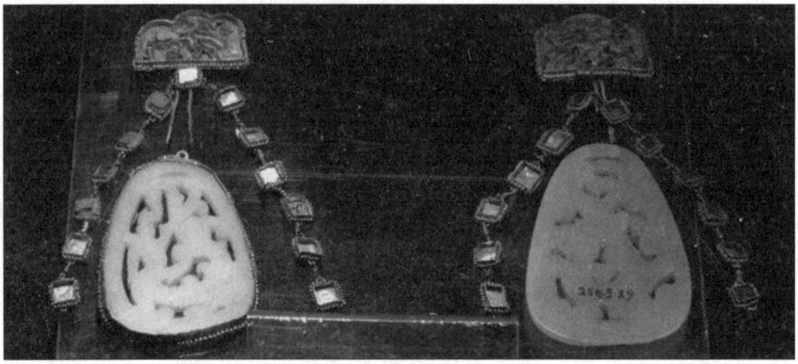

匈奴金饰品

出土于今内蒙古自治区西沟畔。这套饰品是匈奴贵族妇女的头饰。薄如锡纸的金饰片，压出精美的花纹；金镶玉的一对大耳环，在匈奴文物中更属少见；与这套头饰同时出土的还有高浮雕卧式盘角羊包金铁带扣等文物。这些饰品的出土，展现出匈奴在文化上的变化，既有传统草原文化的特征，又间或受到汉族文化的影响

看出匈奴人的发式。至于服饰左衽，根据推测，可能是因为骑马时身体向左倾斜，左手执缰，右手拿兵器，如果衣服右衽的话，冬天会灌进寒风，不仅影响速度，更会令人寒不可耐。当然，这只是推测，还需要经过长时间的实地观察，因而暂时无法得出结论。

此外，匈奴还有剺面的习俗。剺面或作厘面，这种习俗原是高加索塞种人、月氏人的习俗。剺面是指至亲的长辈或长官过世后，晚辈、部属为了表示哀伤，便用刀自割颜面。这一习俗后来才传入匈奴。

试看《后汉书·邓禹传》中有关邓训的记载，另一支游牧民族小月氏就有这种习俗，原文如下："戎（指小月氏，即当初没有随月氏西迁而退保南山与诸羌杂居的月氏族）俗，父母死，耻悲泣，皆骑马歌呼。至闻（邓）训卒，莫不吼号，或以刀自割，又刺杀其犬、马、牛、羊，曰：'邓使君已死，我曹亦俱死耳。'"可见小月氏也有这种习俗。

匈奴原与塞种、月氏为邻，染上剺面之俗也是很自然的。又见《后汉书·耿弇传》载："匈奴怀其（指耿秉）恩信，……闻秉卒，举国号哭，或至梨（同'厘'，割的意思）面流血。"可见匈奴确实有这种剺面之俗。

不只匈奴沿用此俗，早在春秋时期，与匈奴、月氏接壤的晋（今山西省）国人，也有些人有剺面之俗。如《国语·周语上》称："于是乎有蛮夷之国，有斧钺刀墨（以刀刻其额而墨涅之）之民。"同书另载："惠公未至，蛾析谓庆郑曰：'君之止（获），子之罪也。今君将来，子何俟？'庆郑曰：'郑也闻之曰：军败，死之；将止死之。……君若来，将待刑以快君志。'……司马说进三军之士，而数庆郑曰：'夫韩之誓曰：失次犯令，死；将止不面夷（伤），死。……君亲止，女不面夷，而罪四也。郑也就刑！'庆郑曰：'说，三军之士皆在，有人能坐待刑，而不能面夷？趣行事乎！'"（《国语·晋语三》）

这里所说的"刀墨""面夷"就是剺面之俗。可见习俗是会互相传播的，与月氏、匈奴相邻的汉人，久了也多少会染上些“胡俗”。同样，胡人也会染上汉人的习俗，这就是文化的融合。

除了以上这些习俗外，匈奴似乎还从塞种人那里染上一种听似野蛮的习俗，即把敌人的头齐眉毛切开，去除头发、脑浆，只留下头盖骨，然后镶上金或银，作为饮器。史传载匈奴战胜月氏时，就曾把月氏王的头做成饮器。这种习俗在史传上记载得比较少。匈奴之后，柔然、突厥、回纥、黠戛斯兴起，史传上都没有记载他们有这个习俗，但可以肯定的是，这种习俗并没有断绝。因为据《元朝秘史》所载，南宋末年蒙古兴起后，克烈部脱斡邻勒王汗（脱斡邻勒初受女真封为“夷离堇”，其意为王，又自称汗，于是一般史传就称他为王汗，或作翁罕、王罕）被蒙古族的铁木真打败后，逃进乃蛮地界（克烈、乃蛮都是突厥系民族），被乃蛮太阳汗所杀，并把王汗的头盖骨做成饮器。可见这也是游牧民族互相交融的习俗之一。

第四章

匈奴帝国的崛起

匈奴与周朝

匈奴最初是由挛鞮氏、呼延氏、须卜氏、兰氏，后来加上丘林氏（或乔林氏）为核心组成的民族，如果《史记·五帝本纪》中所说的黄帝轩辕氏曾经北逐荤粥是真实的，那么匈奴可以说是与汉族历史同样源远流长的民族。

同样根据《史记》及《汉书》所载，匈奴最早的发源地应该是在黄河河套南边的鄂尔多斯高原周边，自黄帝经夏、商、周，以至春秋战国时期，始终对南方从事农业的华夏民族构成威胁，迫使战国时期的韩、赵、魏、秦各国以修筑长城的方式来抵御匈奴的入侵。只是当时匈奴并不是北方唯一的“强权”，在匈奴的东方有一个以鲜卑、乌桓为核心的民族联盟，因为匈奴自称“胡”，而这个民族在胡的东边，所以华夏农业民族就以“东胡”称呼他们。

在匈奴西边大约今天甘肃省敦煌、祁连山一带，有两个来自西方属于高加索白种人的月氏族和乌孙族。事实上，当代学者经过考证，认为敦煌是吐火罗（Tochari，印欧民族中的一支）的音转，而祁连则是吐火罗语“天”的音译。

月氏族在公元前一千多年就进入了这个地区，原本可能还要继续东进，只是遇到匈奴，所以在敦煌、祁连山一带停留下来。为了生存，他们把天山南部和田（今新疆维吾尔自治区西南部）一带所产的玉贩到中原。华夏民族自古喜欢玉，所以就称他们为玉氏，后来转为禺知，再转为月氏。相传西周穆王（前 976—前 922 年在位）就曾经驾车到过“禺知之平”（见《穆天子传》，约成书于战国时期，作者不详）。月氏力量相当强大，对匈奴构成不少威胁，使匈奴无法全力南下“经营”农业地区，间接替汉人阻挡了匈奴的攻势。尽管如此，月氏对从事农业的华夏民族也造成不少伤害。

匈奴民族很可能早在中国的三皇五帝时期（公元前两三千年左右）就从西方的塞种人那里学会了驾驭马匹的技术，机动性因此变得更强，从历史的经验我们知道，控制了速度，就能掌握空间的控制权。在近代内燃机发明之前，人类最快速的交通工具就是马。匈奴民族不但拥有大量的马，而且人人都会骑马。据史传所载：匈奴小孩子先练习骑羊，稍微长大后，就开始骑马放牧，骑马对匈奴人而言就像走路一样平常，所以匈奴的部队几乎都是骑兵。

相对而言，同时代的中原华夏诸国不了解驾驭马的方法，更没有骑兵，部队以步兵为主，要不就只有少许的牛拉车作为战车部队。匈奴骑兵居高临下，无论在机动性还是战斗力上都比华夏诸国的步兵强得多，这也就是与匈奴接壤的韩、赵、魏、秦只能以消极的修筑长城的方式抵御匈奴南下侵掠的原因。而且即便如此，很多时候还是无法阻止匈奴的南下。

从史传上看，自春秋至秦汉之际，匈奴与诸华夏国家较具规模的“接触”有以下几次：

东周襄王十五年（前 637），襄王想用来降的匈奴骑兵（当时称匈奴为翟）讨伐郑国，于是有了娶匈奴女子为后的念头，当时富辰曾上谏说：“我们平王、桓王、庄王、惠王都曾接受郑国的效劳，大王您不应遗弃亲近的郑国，而亲近匈奴，伐郑之举不可行。”但是周襄王不听。第二年，周襄王废黜了先前所娶的匈奴皇后，结果匈奴起兵，进攻东周，周襄王不得已逃到郑国，郑国让周襄王在汜（今河南省内）这个地方暂时住了

护身甲衣

出土于内蒙古自治区。在内蒙古自治区出土的匈奴文物中，青铜盔的出土数量并不多，能够成套的更为罕见。照片中这套青铜甲是由数量较大的青铜甲片组合而成，在中国境内为首次发现，对于研究匈奴军事武备有着极其重要的意义

下来（见《史记·周本纪》）。可见当时东周王室跟匈奴曾有婚姻关系，而且因为匈奴皇后被废，匈奴就攻入周天子的王畿，周天子落荒而逃跑到郑国，这在匈奴史上应该是一件大事。

《史记》又载，齐桓公二十三年（东周惠王十四年，前663）“齐桓公伐山戎，次于孤竹”，这里所说的山戎也是指匈奴。战国时期，齐国的地理位置大致在今天山东省北部，居然能跟匈奴交壤作战，可见当时匈奴可能已经进入今天的河北省一带了。

秦厉共公十六年（东周贞定王八年，前461），曾以兵两万伐大荔（今陕西省渭南市大荔县）之戎，“取其王城”。此处的“王城”，显然是匈奴首领所驻牧之地，只是当时汉人对北方草原的游牧民族没有很深入

的了解，有时称之为翟、狄，有时称之为山戎，有时因为其在大荔附近出现，所以又称之为大荔之戎，由于不知他们首领的称谓，所以就想当然地称之为王。

秦国因偏处西北，所以在东周初期没有参与其他诸侯国的会盟，众诸侯国在春秋时期尚将秦国视为夷狄；战国时期，其他六国还曾联合起来抗秦。但秦自孝公（前 361—前 338 在位）起，就采用“夷狄”（其实就是匈奴）之法治理军队，即以斩敌人首级的数量作为论功行赏升迁的标准。到了秦孝公八年（东周显王十五年，前 354），就宣称：“昔我缪公自岐雍之间，修德行武，东平晋乱，以河为界，西霸戎翟，广地千里，天子致伯，诸侯毕贺。”于是出兵东围陕城（今河南省一带），西斩戎之獂王。这里所谓的戎、翟也是指匈奴而言，“戎之獂王”很可能是匈奴某部落的酋长。

秦惠王七年（东周慎靓王三年，前 318），东方的韩、赵、魏、燕、齐（其地在今天山东、河北、山西一带）这几个诸侯国联合匈奴共同率兵攻秦，这件史事说明当时匈奴与东周诸侯国固然常处于对立状况，但是有时也会为了共同的利益而合作。

胡服骑射

赵悼襄王元年（此时东周已灭，前 244），赵国也曾以李牧为边将防御匈奴。《资治通鉴》关于李牧的记载如下：李牧曾经在代（今山西省东北）、雁门（代县北）一带防备匈奴，设置各级官吏，税收都由李牧统管，作为士兵军需的费用。李牧每天都杀牛给士兵吃，但是也要士兵勤练马术和射箭，并且严格约束士兵说："如果匈奴前来寇掠，赶快入城固守，如果有人胆敢出击或捕捉匈奴的，一律斩首。"士兵都遵守这项军令，每当匈奴来犯，就马上入城固守，并且点燃烽火警告其他地区。

在如此严密的防守下，几年下来人畜都没有损失，匈奴以为李牧胆怯，而赵国的边防兵也认为李牧胆小不敢应战。赵王一再责备李牧，可是李牧依然我行我素，只守不攻，赵王大怒，于是任命别的将领取代李牧。结果才一年多，就一再和匈奴发生战事，赵国经常战败，人员损失不少，最后连边境都无法耕种或放牧。不得已，赵王又请李牧出来防守边境，李牧仍然坚持只守不攻，赵王迫于无奈只得应允。

李牧重新上任后，仍然用和以前一样的军令约束士兵，人民也因不再有战事而得以安居乐业，匈奴好几年想南侵都无法得逞，但总以为李牧胆小怯战。李牧的士兵丰衣足食，又得到许多赏赐，每个士兵都希望能与匈奴决一死战，在李牧的刻意培植下，赵国士兵的作战士气达到最高点。

李牧觉得这些士兵已经可以和匈奴决战了，于是就选了战车一千三百辆，骁勇骑兵一万三千人，浩浩荡荡地出击匈奴。两军相遇后，李牧先是佯装战败，故意让几十名赵人被匈奴抓获。匈奴单于得到初战告捷的消息，就率领部队南下寇掠，李牧在此时布下奇阵，合拢原先散开的左、右两翼，团团围住匈奴大军并给予痛击，杀了匈奴十几万骑兵，顺便攻破了东胡。匈奴单于经此战后仓皇北逃，从此十几年不敢南侵。这时距头曼单于被冒顿射杀不过四十三年（详见后文），所以可以推测，被李牧所击败的匈奴单于，就算不是头曼，也应该是头曼的父亲。

李牧所选的战车可能是华夏中原诸国固有的武器，但他训练出来的一万三千名骑兵，则是在赵武灵王胡服骑射之后的事。

何谓胡服骑射？东周时，中原诸农业国家面对机动性强的匈奴骑兵，只能以修筑长城的方式希望把匈奴挡在长城之外，但是这种防御性的措施并不能产生完全阻隔的效果，所以不时还会遭受匈奴的攻击。华夏民族自古以来的衣着都是宽袍大袖，对作战来说是极不方便的，而且又是以步兵为主，以这样的装备对付匈奴的骑兵，根本居于劣势。

赵武灵王是个有所作为的君王，他不甘心对匈奴只采取守势的防御，而希望能够加以反击。要想在战场上和匈奴一决雌雄，就必须在装备和战法上有所改进，于是兴起了“师夷之长以制夷”的念头，也就是说令赵国士兵换上和匈奴一样轻便的裤装，士兵也练习骑马，只有这样才能和匈奴一较高低，这便是赵武灵王胡服骑射想法的由来。

只是在中原王朝要进行服装改革是一件很困难的事，自周公制礼作乐以来，服装代表着一个人的身份地位，一点儿都马虎不得，何况在东周时代，服装还有区隔华夷的作用，岂可轻易改变？更别说要改成和夷狄一样的服装了，只会引起众人反对。

果然，当赵武灵王提出胡服骑射的主张时，他的叔父公子成就极力反对。起先公子成称病不上朝，赵武灵王就派使者向公子成晓以大义：“家听于亲，国听于君。今寡人作教易服而公叔不服，吾恐天下议己也，制国有常，利民为本；从政有经，令行为上。明德先论于贱，而从政先信于贵，故愿慕公叔之义以成胡服之功也。”

公子成不以为然，他表示：“臣闻中国者，圣贤之所教也，礼乐之所用也，远方之所观赴也，蛮夷之所则效也。今王舍此而袭远方之服，变古之道，逆人之心，臣愿王孰图之也。”（《资治通鉴·卷三·周纪三》）

使者向赵武灵王回报了公子成的说法，赵武灵王觉得必须自己出马才能说服公子成，于是亲自对公子成说：“我们赵国东边有齐和中山（当时中山是胡人的地盘），北边有燕、东胡，西边和楼烦、秦、韩相邻，可以说是强邻环伺，现在如果没有能骑马射箭的骑兵，怎能保卫国家的安全呢？之前中山胡人借着齐国强兵，侵略我们赵国，使我们百姓受累，他们更企图引河水淹没我们的鄗城，如果不是祖宗有灵保佑，鄗城几乎就要失守，这是先君引以为耻的事。所以寡人才要胡服骑射，以防守四境，报之前中山侵掠我国的怨气。而叔父您只知道墨守成规，坚持传统的服饰，不肯改变服饰，难道您忘了鄗城被围的耻辱吗？这绝对不是寡人所愿意看到的事。”

赵武灵王的理由强有力，识大体的公子成于是以国家为重，同意了赵武灵王胡服骑射的政策。而赵武灵王本来就有备而来，于是趁热打铁，马上送给公子成一套胡服。第二天，公子成就穿胡服上朝，众臣一见连公子成都赞成赵武灵王的政策了，也就不再持反对意见。就这样，赵武

战国青铜器上的战车图案

图中有四马二人，其中一人驾驭战车，另一人弯弓射箭

丛台遗址

提倡胡服骑射的赵武灵王对赵国贡献良多，晚年却因为王位继承问题和儿子们发生了冲突，最后被长子活活饿死在宫城里。此为相传赵武灵王时期所建的丛台遗址，位于现河北省邯郸丛台公园

灵王的胡服骑射政策正式在赵国推行开来。

这件事发生在赵武灵王十九年（东周赧王八年，前 307），经过几十年的骑射训练，才有后来的李牧击败匈奴。当时北方各华夏国家眼见赵国胡服骑射取得战果，于是也纷纷起而效仿，这在中国历史上可以说是一件划时代的大事，首开汉人胡化的先河。

亡秦者胡

自从李牧于赵悼襄王时对匈奴予以痛击之后，匈奴单于便北遁，有十几年不敢南下牧马。到秦始皇三十二年（前 215），时为匈奴头曼单于在位，秦始皇北巡至上郡（今陕西省榆林市）。

在此之前，秦始皇派方士卢生到海外寻找长生不老的仙丹，卢生没找到仙丹，便从海外回来，向秦始皇奏称《录图书》上有“亡秦者胡”的字样，当时所说的“胡”是专指匈奴而言，而且一直到隋、唐之前“胡”都是指匈奴。既然《录图书》上提到“亡秦者胡”，秦始皇自然心觉不安，便想除掉匈奴这个大患，于是派遣蒙恬率三十万大军到北边，一方面伐匈奴，一方面将战国时各国的长城联结起来，这就是今人所说的万里长城的雏形。

第二年（始皇三十三年，前 214），蒙恬果然将匈奴逐出河南地，此处的河南地指的是鄂尔多斯高原，因为地在黄河南边，所以称为河南地。秦在所夺得的河南地设了四十四个县。据近代学者唐德刚《晚清七十年》的考证，“县”这个字和“悬”字相通，意思是新获得的土地，还没想好要设立成哪种形式的地方行政单位，只好暂时悬在那里，后来就演变成为最低一级的地方行政单位。

此外，所谓“亡秦者胡”其实另有说法。秦朝内部有派系之争，秦始皇的长子扶苏仁慈且有学识，在朝政中与蒙毅、蒙恬兄弟交好。蒙毅是文臣，蒙恬是武将，而蒙家世世代代都是大秦的忠臣，自然形成一股势力。秦始皇的另一个儿子胡亥由宦官赵高辅佐，赵高甚得秦始皇宠爱，由于赵高贴近秦始皇，又善于揣摩上意，日久手中握有大权，在朝廷形成另一股力量。

既有派系，难免就有斗争，于是赵高这一派借口“亡秦者胡”，将武将蒙恬派到北方，而且连扶苏也被派到北方，名义上是监督蒙恬，实质上是让扶苏、蒙恬远离权力核心，这样赵高就可以从容部署，让胡亥有机会成为继承人。

秦始皇三十七年（前 210），秦始皇在出巡途中驾崩，随侍的赵高修改遗诏，威胁丞相李斯将胡亥嗣立为秦二世，并将扶苏赐死，蒙恬回到国都咸阳（今陕西省咸阳市）后，也遭杀害。后来秦帝国亡于胡亥、赵高之手。所以东汉郑玄注《史记》“亡秦者胡”时，直接点出：“胡，胡亥，秦二世名也。秦见图书，不知此为人名，反备北胡。”虽是“后见之明”，倒是别具慧眼的说法。

匈奴头曼单于被秦将蒙恬逐出河南地后，向北逃亡，之后匈奴势力达到今天我国内蒙古中部，可是也有部分匈奴部落游牧到漠北。近来在蒙古国挖掘到不少匈奴古墓群，如 1912 年俄国的考古团队就曾在土谢图汗挖掘出二百一十二座古匈奴墓葬群，应该就是头曼单于北迁后所留下来的匈奴人墓地。

至于头曼单于及其以前的世系，《史记》《汉书》都没有详细记载，后人也无从凭空臆测，或许当时匈奴还没有形成国家组织，仍停留在部落联盟时代，到头曼时才形成初步的国家组织，因此头曼有可能是第一个号称单于的人。

第五章

匈奴帝国的创立

质子冒顿

匈奴在头曼单于统治时期可能还处于国家初建阶段，力量并不是很强大，无论是东边的东胡民族联盟，还是西边的月氏、乌孙，都比匈奴强大。头曼单于原先立儿子冒顿为继承人，可是他宠爱的阏氏想要立她自己生的儿子为继承人，就怂恿头曼单于把冒顿送到月氏当质子，希望借月氏之手除掉冒顿。

阏氏就是单于的妻子，在匈奴不管单于有多少个妻子，一律称为阏氏，不像中原王朝皇帝的妻子有皇后、贵妃、妃、左右昭仪等分别。至于单于之妻之所以称阏氏，或许跟美或花有关，原来祁连山的支脉有一座山叫焉支山，山上长一种花叫焉支花，匈奴女子以焉支花的汁当作腮红使用，好让容貌看起来更为亮丽娇艳，后来这种花传到中原，就叫作胭脂。在现代西方化妆品传入中国前，胭脂始终是女性不可或缺的化妆品。“焉支”本身就有美的含义，单于的妻子当然是美人中的美人，所以才会也称为阏氏（音“胭脂”）。

另外，在匈奴的社会组织里，单于固然有好几个阏氏，可是所有阏氏的地位并不是一律平等的，除了能否得到单于的宠爱之外，阏氏的娘家在匈奴社会中是否有足够的力量，也能决定阏氏的发言权与地位。

冒顿被送到月氏当质子，当然不是只身前往，总会有些随从，以供使唤差遣。可是头曼单于所宠爱的阏氏，不时鼓动头曼单于出兵攻打月氏，一旦头曼出兵攻打月氏，第一个遭殃的当然就是作为质子的冒顿。

头曼听了阏氏的话，果然出兵攻打月氏，但结果并不如阏氏所预想的那样，冒顿不但没有因此惹上杀身之祸，反而还把月氏的千里名驹带回匈奴。游牧民族向来崇拜英雄，冒顿回到匈奴后，如同凯旋的英雄，受到匈奴人的尊敬。在这种情形下，头曼单于也不得不对这个儿子另眼看待，只好拨了一部分人民归冒顿管辖，于是冒顿有了自己的部属。

鸣镝箭

冒顿有了自己的部属后，就对属下进行严格的训练。他自己发明了一种箭，在箭的尾端加装一个小器具，只要箭一射出去，就会呜呜地响，文献上称之为“鸣镝箭”。冒顿规定，只要他的鸣镝箭射向哪里，部属们的箭也必须射到哪里，胆敢不服从的，杀无赦。起初，冒顿将鸣镝箭射向树，士兵（匈奴社会中，一个成年男子平时是狩猎者，战时就是士兵）也都跟着射向树，后来射向石头，有几个士兵认为没有意义，不肯射，冒顿马上杀了这几个士兵，以此彻底建立了他军令的威严。

从此，鸣镝箭所射的方向，就是士兵攻击的方向，冒顿认为他所统率的部属已经是可以驰骋沙场的劲旅了。

后来，头曼单于要冒顿带领人马随他一起去打猎，结果冒顿在打猎中，忽然将鸣镝箭射向头曼单于，冒顿的部属见状，也纷纷将箭往头曼单于的身上射去，头曼单于立刻万箭穿心而亡。冒顿凭着他的智勇和既有的声望夺得了匈奴单于宝座，杀了反对他的人，也杀了众多同父异母的兄弟，安稳地当上了单于。这时是秦二世元年（前 209）。

冒顿单于嗣立之后，审度当时的“国际”形势：东边的东胡民族联盟虎视眈眈，无时无刻不想向西掠夺草场；北方今贝加尔湖周边的丁零部落联盟对漠北草原蠢蠢欲动，想要伺机南下；西边的月氏更是强盛一时。

冒顿虽然坐上了匈奴单于的宝座，但是客观形势困难。不过冒顿单于为人有勇有谋，而且雄才大略，经过一番判断之后，认为当务之急是养精蓄锐，厚植实力，谋定而后动，该隐忍时绝不冒进。因此，刚登上单于之位的冒顿从表面上来看似乎只是个懦弱无能的单于。

这种示人以弱的形象让东胡认为有机可乘，而且觉得冒顿单于得位不正，于是派遣使者到匈奴的单于庭，说头曼单于在位时匈奴有一匹千里马，现在头曼单于已经驾崩了，这匹没人使用的千里马可否送给东胡？

冒顿单于询问群臣的意见，匈奴各部落首领认为：这匹千里马乃是匈奴的宝马，怎么可以送给东胡呢？所以一致表示不赞同。可是冒顿单于却说：我们跟东胡是邻国，怎么可以为了区区一匹马而坏了睦邻的政策呢！于是就把马送给了东胡。

东胡大喜，更加确定冒顿是个不会有多大作为的单于。既然冒顿没有什么能耐，东胡王又起了一个念头，相传冒顿单于有一位特别漂亮的阏氏，于是东胡又派遣使者到匈奴单于庭，索讨这位匈奴阏氏。

冒顿单于循例又询问众部属意见，匈奴各部落首领都认为东胡太不像话了，马还勉强可以忍受，现在居然要“母仪天下”的阏氏，真所谓“是可忍，孰不可忍”，一致请求发兵讨伐东胡。然而冒顿单于只淡淡地说：“跟东胡既然是邻国，怎么可以为了一个女子而坏了邦交呢！”于是又把阏氏送给了东胡。

这下东胡王更加相信冒顿怯懦无能，对东胡充满畏惧，于是东胡王野心更大了。

瓯脱之争

在北方大草原不同的部落联盟间，或者说不同的政治实体间，像匈奴与东胡，在各自的游牧地区之间，经过双方协调后，会留下一块地区彼此互不进入，作为双方的缓冲地带，避免彼此动辄以兵戎相见。这种缓冲地带匈奴语叫作“瓯脱”，可能是根本无法放牧的沙碛地，也可能是水草不丰美的地方，以作为侦测对方是否入侵的斥候地。

东胡与匈奴之间就有这么一块瓯脱。几经试探后，东胡王觉得，如果能拿到这块瓯脱，未来要向西扩张就方便多了，何况此前向匈奴讨取宝马、美人都顺利得到，这回只是要一块没有人居住的瓯脱，应该更是易如反掌，于是又派出使者向冒顿索讨瓯脱之地。使者出发后，东胡王信心满满地等待好消息。

东胡使者到了匈奴单于庭后，对冒顿单于说：“你们跟我们东胡之间的瓯脱，你们的人也不能来，形同弃地，我东胡王想要这块地。”冒顿单于依然召集部属商议，要听听大家的意见。匈奴各部落首领认为，之前价值连城的千里马和无价之宝的阏氏，单于都以敦睦“邦谊”为由送给了东胡，现在形同弃地的瓯脱，给不给似乎都无关紧要了。

听了众部落首领的意见后，冒顿单于大怒：“土地是国家的根本，一尺一寸都不能给人！”于是立刻斩杀了主张奉送的大臣，同时下令全国总动员参军，不如期报到者将被处死。

军队集结后，冒顿单于立即率领大军攻击东胡，而此时东胡王还在等待使者归来，准备摆宴庆贺“丰收”呢！东胡王万万没料到，匈奴倾巢而出，将东胡杀得措手不及，不只如此，冒顿单于还杀了东胡王，俘虏了大量东胡人民。匈奴的实力顷刻之间大为增长。

侥幸逃过一劫的东胡部落联盟余众分崩瓦解，大致上分成两股力量，其中一股逃到今天大兴安岭北段一带，叫作“鲜卑”，并且把大兴安岭叫作大鲜卑山；另外一股逃向今天大兴安岭稍南部分，叫作“乌桓”，也把所依附的大山称为乌桓山。

冒顿单于灭了东胡之后，俘获了许多东胡人民，力量立刻壮大起来。北方草原游牧民族的民族认同感并不强烈，只要有一个强有力的部落出现，其他各部落或各民族都会向这个强大的部落靠拢，并宣称跟这个强大的部落是同一民族。这种情形从匈奴冒顿时代到13世纪的游牧民族蒙古，都是一脉相承，没有改变。

匈奴在灭东胡之前，虽然也有国家元首单于，但整个国家组织可能仅仅比部落联盟稍见规模而已，称国家似乎还有些牵强。可是灭掉东胡后，情况就不同了，不但人民增加了许多，而且足以服众的领袖也产生了。可以说，匈奴的国家组织是冒顿单于在灭东胡后才基本完备的。

冒顿单于灭掉东胡之后，统治疆域已经相当广大。东边自大兴安岭西端的呼伦贝尔草原起，西边则趁秦末楚汉相争时又夺回早先失去的河南地，南边以万里长城与西汉为界，北边拥有今天的蒙古国全部。另外，还有一部分土地是在东胡灭亡时顺便征服的位于贝加尔湖周边的丁零，以及在丁零西边的鬲昆。

丁零与鬲昆

所谓丁零，又叫敕勒、铁勒或高车。鬲昆又名坚昆，原本位于贝加尔湖西边，后一路向西南迁徙，在唐时以黠戛斯之名大盛，于唐武宗会昌元年(841)时攻灭回纥汗国。元时称鬲昆为吉利吉思，清时称布鲁特；今日将分布在我国新疆地区的称柯尔吉思，在中亚的即是吉尔吉斯斯坦（Kyrgyzstan）。

匈奴帝国的官制

匈奴帝国的疆域是如此广阔，又没有使用文字，因此很难实行中央集权式的统治，所以就把国家分为左、右、中三大区域。冒顿单于自居中央；左边是指近辽东一带，由左贤王统治，左贤王通常会成为单于的继承人，和中原王朝的太子相当；右边则指西边，由右贤王统治，地位次于左贤王。左、右贤王各有封地。

单于直接统治的中央地区也分官设治。据《史记》《汉书》所载，匈奴帝国的组织大致相同，现在抄录如下：“其（指匈奴）世传国官号乃可得而记云：置左右贤王、左右谷蠡王、左右大将、左右大都尉、左右大当户、左右骨都侯。匈奴谓贤曰‘屠耆’，故常以太子为左屠耆王。自如左右贤王以下至当户，大者万骑，小者数千，凡二十四长，立号曰‘万骑’。诸大臣皆世官。呼衍氏、兰氏，其后有须卜氏，此三姓其贵种也。诸左方王将居东方，直上谷以往者，东接秽貉、朝鲜；右方王将居西方，直上郡以西，接月氏、氐、羌；而单于之庭直代、云中；各有分地，逐水草移徙。而左右贤王、左右谷蠡王最为大，左右骨都侯辅政。诸二十四长亦自置千长、百长、什长、裨小王、相、封都尉、当户、且渠之属。”

这种分官设职大概是冒顿单于时的情形，之后应该有所调整，所以《后汉书》所载的南匈奴政府组织与上面所说的有些许出入。《后汉书》所载如下：“其大臣贵者左贤王，次左谷蠡王，次右贤王，次右谷蠡王，谓之四角；次左右日逐王，次左右温禺鞮王，次左右渐将王，是为六角；皆单于子弟，次第当为单于者也。异姓大臣左右骨都侯，次左右尸逐骨都侯，其余日逐、且渠、当户诸官号，各以权力优劣、部众多少为高下次第焉。单于姓虚连题。异姓有呼衍氏、须卜氏、乔林氏、兰氏四姓，为国中名族，常与单于婚姻。呼衍氏为左，兰氏、须卜氏为右，主断狱听讼，当决轻重，口白单于，无文书簿领焉。”

值得注意的是，《汉书》称匈奴单于姓挛鞮氏，而《后汉书》指单于姓虚连题，但是单于世系并没有改变，很可能“挛”字是“虚连”两字快读的音，而“鞮”同“题”。其次，《史记》《汉书》指匈奴贵种只有呼衍氏、兰氏及须卜氏而已，但《后汉书》增加了一个乔林氏，而且在排序上兰氏明显后移，这或许是因为兰氏氏族多附和北匈奴，当然这只是推测，还需要有可靠的证据才能成立。

除文献所说匈奴政府正式“编制”的各级官员外，还有一些被匈奴征服或归附匈奴的各民族与部落，匈奴也都承认他们酋长的统治地位，而给予“王”的称号，但是有时也对未投降者给予王的名号。这个名号有时另设名目，有时以降附民族或部落作为王的名号，例如封李陵为“右校王”、卢绾为“东胡王”、赵信为“自次王”、卫律为“丁零王”等，这一类王都任职于单于庭，与东胡、丁零民族毫不相干，如果解释成卢绾掌管东胡族，卫律统治丁零族，那可就大错特错了。

平城之围

冒顿单于统治下的匈奴日见壮大，成为北方草原上的霸主，而在匈奴的南方，中国西汉初建，国力并不稳固。当时匈、汉双方大致以肤施、朝那一线形成南北对峙。西汉时，肤施故城约在今陕西省榆林市的绥德县，朝那故城约在今甘肃省平凉市西北。

汉高祖刘邦建立西汉后，对于原本战国时代的六国皇室后裔，除了燕国后人臧荼逃入匈奴外，多半基于现实的考量而不得不加以任命，像原来韩国的后人信，仍封为韩王，并让韩王信驻守晋阳（今山西省太原市）。可是当韩王信到晋阳后，见晋阳残破不堪，根本无法防守，于是请求调防马邑，马邑其地在今山西省朔州市，在地理位置上更靠近匈奴。

汉高祖一听韩王信愿意近距离攻打匈奴，从心底里乐观其成。因为刘邦建立西汉后，将天下分封给刘氏子弟，以确保家天下得以延续，可是由于帝国初建，实力不足，受客观环境约束，对韩国后人不得不封以“王”的爵位，现在韩王信自请面对匈奴，汉高祖自然顺水推舟准他移防马邑，如果韩王信能遏阻匈奴南下，固然是好事一桩；如果韩王信抵挡不住匈奴的南侵而被杀，等于替汉高祖除去一个心中的大患。

韩王信到了马邑之后，对于修缮防御工程可说是不遗余力。就在防御工程初步完工时，匈奴冒顿单于大军南下，团团围住马邑，时为汉高

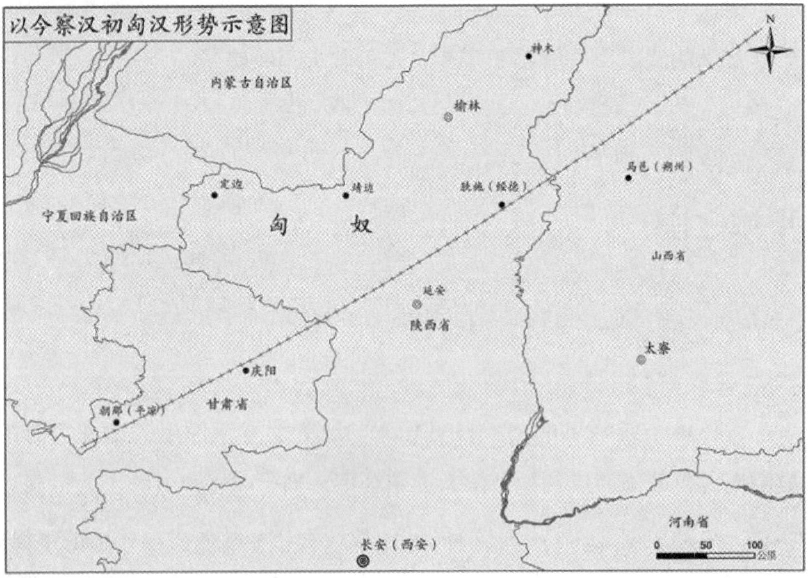

以今察汉初匈汉形势示意图

祖六年（前 201），也就是冒顿单于九年。匈奴大军来势汹汹，但是因为多为骑兵，而马邑的防御工事又做得相当不错，加上骑兵对于攻坚并不擅长，所以双方僵持了好几天，不分胜负。冒顿单于见久攻不下后大怒，即刻增兵再攻，韩王信眼见自己人单力薄，无法长期防守，于是立刻向汉高祖求救，同时为了拖延匈奴的猛攻，还派遣使者到匈奴营中向冒顿单于谎称准备投降，希望能拖延到汉高祖的援军到来。韩王信这一招缓兵之计就当时情况来看也是不得已的做法，应该是可以理解的。

汉高祖接到韩王信的求救信后，确实派了援军北上，只是援军到了晋阳就不肯继续往北，或许是得到了错误的信息，或许是援军的主帅害怕和匈奴作战，竟向汉高祖报告韩王信可能会投降匈奴。汉高祖对异姓诸王本来就不是很放心，闻讯后立刻派遣使者到马邑责备韩王信，韩王信被汉高祖派来的使者一责问，感到又羞又怒，心想既然如此还不如真的叛汉，原先假意要向匈奴投降，这时只得假戏真做，于是大开马邑城门，把马邑献给匈奴。冒顿单于自然大喜，于是以韩王信为向导，挥师南下，直逼晋阳。

战报传到西汉国都长安（今陕西省西安市），汉高祖大吃一惊，因为从晋阳到长安并不太远。在汉高祖看来，自己既然能打败有西楚霸王之称的项羽，区区游牧的匈奴又何足道哉？于是准备御驾亲征，率领了三十二万大军浩浩荡荡地出发。汉高祖七年（前 200），汉军在秋高气爽时挥军北上，于晋阳北方和韩王信的部队相遇，韩王信无心恋战，稍作抵抗之后就退回马邑。冒顿单于听说韩王信战败，就指派左、右贤王带兵前来救援。双方在晋阳城外一战，汉高祖又打了一场胜仗，虏获了不少匈奴的人畜。这下更激发了高祖的豪情壮志，认为只要再和匈奴交战，必能扫灭匈奴。

当韩王信撤退回马邑时，有白土（今河南省境内）人曼丘臣、王黄等聚集韩王信的散兵，拥立原赵国的苗裔赵利为赵王，一时之间也形成一支稍具规模的力量，这支力量也投向匈奴，共同联兵击汉。

汉高祖的大部队继续北上，那时已经是农历十月了，北方大雪纷飞，汉高祖的部队并没有准备御寒衣物，而汉高祖也未料到问题的严重性。当大部队到达山西平城（今山西省大同市）附近的白登山时，冒顿单于率四十二万大军包围汉军。汉军既寒又饥，被围了七天，许多士兵的手指头都冻伤，眼看就要被匈奴消灭了。汉高祖急得团团转，最后迫不得已采纳了陈平的“奇计”——向匈奴求和，冒顿单于这才让出一条路，让汉高祖得以率领残兵败将，狼狈不堪地逃回长安。

原来，冒顿单于早先的败仗是他战术的一部分，也可以说是他诱敌深入的一种策略。冒顿单于是个天才型的军事家，他这种诱敌深入的佯败战略，成为此后一千多年北方游牧民族的典型战略，直到 13 世纪蒙古的成吉思汗，也常用这招克敌制胜。

至于陈平的“奇计”详细内容究竟为何，《史记》并没有记录，可能是因为这并不是一件光荣的事，所以司马迁不愿意把“奇计”的详细内容记载下来。尽管如此，后世仍然可以从汉高祖回到长安后对匈奴的措施归纳出“奇计”的大致内容。

汉高祖回到长安后，为了履行对匈奴冒顿单于的承诺，要把公主嫁给冒顿单于，但是汉高祖只有一个女儿鲁元公主，而且早就嫁给了赵张敖，再加上汉高祖之妻吕后哭着请求说：“妾唯太子、一女，奈何弃之匈奴！”鲁元公主既然不能嫁，汉廷就把宫中的“良家子”封为公主，然后嫁给冒顿单于。于是在汉高祖九年（前 198），西汉派刘敬为使，把“公主”送到匈奴，冒顿单于也欣然接受。此外，“奇计”的内容可能还包括每年向匈奴赠送黄金、米、酒及帛等物资。

刘敬作为护送“公主”出嫁的特使，同时也负有窥探匈奴内部虚实的任务。刘敬带去美人、黄金、米、酒及布帛之类的物质，应该也颇受匈奴的礼遇。刘敬回来后果然带来了一份“建议”，大意是说：“匈奴盘踞河南地的白羊王、楼烦王，距长安只有七百里，快马一天就可以到长安。长安关中这一带经过战乱人口稀少，但是秦川八百里土地肥沃，可以移民充实。现在汉虽建都关中的长安，但人口太少，而且东方有六国遗留下来的豪门大族，一旦国家有事，他们必趁机作乱。陛下您现在还不能高枕无忧，应该把六国的后人以及豪门大族迁到关中来，平时可以借着人口的优势使匈奴有所顾忌而不敢轻易入侵，如果诸侯有不臣之心，也可以随时挥师东伐。这样才是强干弱枝的做法。”

汉高祖采纳了刘敬的意见，于是就把原来齐国、楚国的大族昭氏、屈氏、景氏、怀氏及田氏五族以及地方豪杰强行迁到关中。这次的迁徙有十几万人之多，由此可见西汉初年匈奴力量之大，使大汉帝国必须迁徙人口以充实关中。

汉高祖以“家天下”治国，日久便容不下六国遗绪以及参与开国的元勋诸侯，对这些异姓诸侯充满了猜忌之心，总是找借口加以杀戮。于是，北边的异姓诸侯人人自危，纷纷遣使向匈奴示好，以备被高祖怀疑时可以有一个退路。甚至有人干脆逃奔匈奴，就像汉开国功臣陈豨、卢绾等人都因为招忌而投降匈奴。从这些人的投奔匈奴，也可以想见当年匈奴和汉人并没有很大的民族隔阂。汉高祖对功臣的猜忌与杀戮，正应验了所谓的“狡兔死，走狗烹，飞鸟尽，良弓藏”。

此后一两年，西汉都是每年赠黄金、米、酒及布帛给匈奴，间或也以良家女子为公主嫁给匈奴单于，以兑现平城之围时所许下的承诺，并换取边境的安宁。

嫚书之辱

到了汉高祖十二年（前195），高祖驾崩，由儿子刘盈嗣立，是为汉惠帝，但是实权掌握在吕后手里。这时冒顿单于有了新动作，他命投降匈奴的汉人为他写了一封“国书”给吕后，这封信的文字虽然相当精练、工整，但是语气却极其轻薄。《汉书》记录如下：“孤偾之君，生于沮泽之中，长于平野牛马之域，数至边境，愿游中国。陛下独立，孤偾独居。两主不乐，无以自虞，愿以所有，易其所无。”

“偾”读作“愤”，本义是败坏。这里的“孤偾”是冒顿单于的自谦之词，就如同中原王朝的皇帝谦称为“寡人”一样。这封信的大意是明确表示吕后新寡，冒顿单于有想要和她联姻的念头。

这件事对西汉来说是莫大的侮辱，更让吕后感到极大的羞耻，于是吕后召集相国陈平、樊哙以及季布等人，商讨如何应付。当时众臣一度想斩杀匈奴来使，樊哙甚至大言不惭地说：“臣愿得十万众，横行匈奴中。”

季布不以为然，他认为：“樊哙说这种大话，应该杀头。从前陈豨在代叛变降于匈奴，汉以三十二万大军进击，樊哙当时就是上将军；而高祖被匈奴围困在平城时，樊哙也无力解围。当年天下都唱出：‘平城之下亦诚苦！七日不食，不能彀弩。’到现在这首歌谣还在民间流传。当年出征受伤的人，才逐渐伤好，樊哙现在居然又要动摇国本，大言不惭地说只要十万兵马就可以横扫匈奴，这简直就是当面欺骗太后。”

吕后听了季布的分析后冷静下来，认为季布的话有道理，应以国家、人民为重，于是强行忍下冒顿单于书信中的轻薄之意所带来的不快。几经商量后，吕后写了一封措辞委婉的信函，派大谒者张泽为使送给冒顿

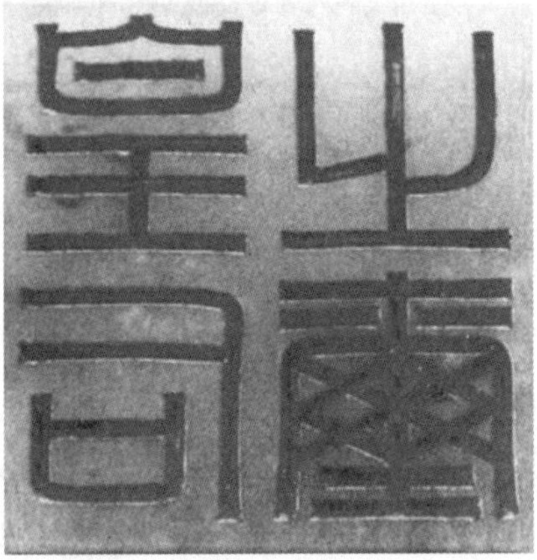

皇后之玺

吕后执政期间所用的玉玺。玉料呈白色，为新疆和田玉，印体为正方形，上饰凸雕的螭虎纽，四侧阴刻云纹，印文为阴刻篆书“皇后之玺”四个字，是迄今所知汉代帝后用玉玺的唯一一件出土遗物。1968年出土于陕西省咸阳市汉高祖陵墓附近，现藏于陕西历史博物馆

单于："单于不忘弊邑，赐之以书，弊邑恐惧。退日自图，年老气衰，发齿堕落，行步失度，单于过听，不足以自污。弊邑无罪，宜在见赦。窃有御车二乘，马二驷，以奉常驾。"

这封信的用字遣词到了极其谦卑的程度，尤其说出"弊邑无罪，宜在见赦"，已经有了哀求的味道，最后还送上二轮御车作为礼物。

当时的东西方贸易模式为：西方或中亚的货物经过西域，也就是今天天山南麓塔克拉玛干沙漠的南、北两条道路，到吐鲁番后，再通过河西走廊到达中原，然后循原路把中国的货物运到西方。这中间蕴含着巨大的经济利益，可是这些利益一直被西域几十个绿洲国家的吐火罗人把持。匈奴早就看出其间的经济利益，自然想从西域吐火罗人手中夺取这份好处，以弥补游牧生活的不足。在平城之围后，匈奴见南边的西汉已经屈服，每年提供美人、黄金、物资等，可见国力一时之间是无法北上的，所以冒顿单于就把注意力转移到经营西域上。

冒顿单于在接到吕后近乎求饶的回函后，也就乐得顺水推舟，放西汉一马，再命投降匈奴的汉人写了一封言辞谦卑许多的回信，遣使送到汉廷，书函大意是："未尝闻中国礼义，陛下幸而赦之。"对此前的鲁莽与轻薄表示歉意，并且送给吕后几匹马。这样一来双方又从紧张的关系中和缓下来，而西汉也立刻以宗室之女为公主，嫁给冒顿单于。这时是汉惠帝三年（冒顿单于十八年，前 192）。

从此以后，匈奴专心经营西域。西域在中国人的印象中始终是一个神秘而遥远的地方，相传西周穆王曾经到过西域西王母所居的地区，但是这项记载在史学界还没有得到一致的认可。纵然如此，至少可以证明在西汉以前早就已经有西域人从事东西贸易的活动了。西域从更广义的角度来看，包括今天的中亚在内，也早在西汉以前就有人进入中国。

冒顿单于之所以想经营西域，应该有两方面的原因：其一，西域有巨大的商业利益，必须掌握西域，以使匈奴继续壮大；其二，冒顿单于早期曾被送往月氏做质子，可能受了些委屈，而月氏地处敦煌、祁连山之间，正是在西域的东端，所以经营西域既可以报昔日之仇，又可以获得巨大的经济利益。他既然有心经营西域，对南边的西汉也就暂时不做处理。所以从汉惠帝三年到吕后五年（前183），这十年间，匈、汉之间没有发生重大的冲突。

一群人或一个民族的性格，往往受他所居住地区自然环境的影响，沙漠和草原都无法定居和发展农业。唐诗中有："劝君更进一杯酒，西出阳关无故人。"可见唐时阳关位于胡汉交界，而且还是相当热闹的边关城镇。可是一千多年后，如今的阳关已经掩埋在滚滚黄沙里了。再看五胡十六国时期匈奴赫连勃勃所建的夏政权，国都统万城约在今陕西西北靠近内蒙古自治区的边界，在当年肯定是个农牧业都相当发达的地方，到北宋时，范仲淹还曾驻守过这里，然而如今也已经埋进黄沙之中了。

受自然环境的影响，生活在沙漠周边草原上的游牧民族也不得不一再向外扩张，且看自匈奴到鲜卑、柔然、突厥直至蒙古，无不如此。蒙古曾经统治斯拉夫民族一百多年，后来莫斯科大公推翻了蒙古的金帐（"钦察"）汗国，逐渐建立俄罗斯。斯拉夫人除了体质特征仍保留高加索白种人的形象外，骨子里的思维逻辑都是游牧民族无限向外扩张的天性，西方史学家说："把俄罗斯人剥了皮，就是鞑靼（鞑靼既专指蒙古，也泛指所有北方的游牧民族）。"

从这个角度来看，这十年匈、汉间的和平是匈奴全力经营西域而没有余力"南下牧马"的结果，如果归功于"和亲"政策奏效，应该是不正确的推论。汉吕后六年（冒顿单于二十八年，前182），匈奴在西域有所斩获之后，立刻南向侵扰大汉边境的狄道，并进攻阿阳，狄道在陇西，阿阳在天水一带，也就是今天甘肃东部。此役匈奴虏获两千多人北去，汉廷对这件事也无可奈何。

又过了五年（汉文帝三年，冒顿单于三十三年，前 177），匈奴右贤王进驻河南地。这时汉文帝正在甘泉宫，闻讯后派丞相灌婴率车骑八万五千，要在高奴（今陕西省延安市东北）攻击匈奴右贤王，不料却碰上了济北王刘兴居起兵造反，汉文帝只得把兵调回先行平乱，匈汉之间免去了一场战争，但西汉还是派使者到匈奴境内责问扰边之事。

次年，冒顿单于为了夸耀他这些年经营西域的成就，特别送了一封信给汉文帝，说："天所立匈奴大单于敬问皇帝无恙。前时皇帝言和亲事，称书意合驩（同'欢'），汉边吏侵海右贤王，右贤王不请，听后义虚侯难支等计，与汉吏相恨，绝二主之约，离昆弟之亲，皇帝让再至，发使以书报不来，汉使不至。汉以其故不和，邻国不附，今以少吏之败约，故罚右贤王，使至西方求月氏击之，以天之福，吏卒良，马力强，以灭夷月氏，尽斩杀降下定之。楼兰、乌孙、呼揭及其旁二十六国皆已为匈奴，诸引弓之民并为一家，北州以定，愿寝兵休士养马，除前事、复故约，以安边民，以应古始，使少者得成其长，老者得安其处，世世平乐。未得皇帝之志，故使郎中系虖浅奉书请，献橐佗（骆驼）一、骑马二、驾二驷。皇帝即不欲匈奴近塞，则且诏吏民远舍，使者至，即遣之。"（《汉书》）

冒顿单于的这封信，表面上看起来是在提倡两国的和平，骨子里却是要让汉廷知道，他已经战胜月氏、乌孙、呼揭，威震西域二十六国了。

汉文帝六年（冒顿单于三十六年，前 174），初建匈奴汗国的冒顿单于驾崩。在他任内，开创了人类史上第一个游牧民族国，是行国的始祖。近人林旅芝在所撰的《匈奴史》一书中，曾给冒顿单于如下的评语："约在秦末汉初，匈奴出一伟大之领袖，此即大名鼎鼎之冒顿单于。西方史学家对冒顿推崇备至，誉为一四征不停之雄王，称之为鞑靼族之汉尼拔。

更有谓：世界之雄主，奄有万国，实则汉尼拔所征服之地不过地中海之一隅，或偶一及于非洲、波斯及高卢而已。居鲁士之与亚历山大，大流士之与薛西底斯，恺撒之与庞培，俱曾四征不停，事业烜赫，震惊一世，然以之与东亚所演出者相较，其动人心目，曾未能有以过之也。”

林旅芝评论冒顿单于毫无过当之处，可谓至为恰当。

如果更进一步看匈奴人，绝不像一般文献所说的那样残忍而好杀成性；再看冒顿单于，西汉降于匈奴的赵信、陈豨、卫律、卢绾等人都没有被杀。如果再从另一个角度看，当年赵信这些降于匈奴的，都不是单独一个人或一家人，而是一群人或整座城，必然有相当的人数，这些人在匈奴几代之后，都成为新一代匈奴人。反过来也是一样，当时有许多匈奴人降于西汉，这些匈奴人同样在几代之后也都成了汉人。

第六章

匈奴的黄金岁月

中行说

行国的创始者冒顿单于在位三十六年，为后代匈奴子孙开拓了一片广阔的生活空间，他所开创的国家布局、战略、战术，始终领导着之后一千多年所有的游牧民族，他的匈奴帝国被誉为“行国的始祖”，可以说是实至名归。

冒顿单于死后，由儿子稽粥嗣为单于，史称老上单于（前 174—前 161 年在位），这也是一位足智多谋、骁勇善战的领袖。

老上单于初立时，汉文帝又以宗室之女为公主，嫁给老上单于为阏氏，并命宦官燕国人中行说为使，护送公主前往匈奴。中行说不愿意接受这个任务，但是朝廷一定要他去，于是他不满地说：“一定要派我去的话，朝廷将来会后悔的。”中行说到匈奴后，立刻投降匈奴，为匈奴出谋划策，十分受老上单于的重视。

中行说被迫护送公主到匈奴，心中充满怨气，一直想报复西汉。初到匈奴时，中行说看到匈奴人尤其是贵族或部落酋长都喜好西汉每年送来的缯（丝织品）、絮[①]以及食品，中行说认为，匈奴再这样下去，势必会对西汉产生依赖性，甚至有可能被汉人同化，因此就向老上单于建议：“匈奴人口抵不上汉帝国的一个郡，匈奴之所以强大，是因为衣食跟汉人不同，而且无须仰赖于汉。现在单于改变习俗，喜好汉人的衣食，汉

① 一般指棉、麻织品，但据考证，棉花晚到宋元之际才从中亚传入，所以汉时送给匈奴的絮，应该是麻织品。

不过提供一小部分的物资，匈奴就要整个汉化了！拿到汉的丝、麻织品，穿在身，骑上马，驰骋于荆棘漫草间，衣裤很快就会破裂，实在比不上皮裘的耐磨耐穿。希望把汉送来的食物都扔掉，以表示这些食物不如我们匈奴的牛羊肉乳酪。”

中行说从文化习俗乃至与自然空间的契合角度看出匈奴对中原物品的喜好是不合适的。其实，草原地区长满荆棘，汉式衣着确实有其不宜之处，中行说的看法有几分道理。

此外，中行说又教导“单于左右疏记，以计课其人众畜物”。前面说过，匈奴没有创制可以使用的文字，这时中行说所教的当然是汉字，这也是匈奴使用汉字最有力的证据。

中行说含着怨气来到匈奴，临行前曾向汉廷表示如果强迫他护送和亲，他会让汉廷后悔。所以他教匈奴单于凡事都要比西汉皇帝更为气派，譬如汉帝来信长一尺一寸，他就教匈奴单于回信用长一尺二寸的规格；所用的印玺也要比汉帝的印玺大一些。汉帝来信开头为“皇帝敬问匈奴大单于无恙”，他就教单于回信用“天地所生日月所置匈奴大单于敬问汉皇帝无恙”作为开头。

不只如此，中行说既已投降匈奴，就以匈奴人自居，对匈奴的一些习俗完全加以认同，并且为这些习俗创造理论依据。当时可能常有汉廷使节到匈奴处，曾在单于面前与中行说就匈、汉习俗的优劣进行辩论，中行说就以匈奴人自居，与西汉使节辩论。

汉使以匈奴习俗贵壮健贱老弱有悖伦理，中行说则很有技巧地以汉地习俗说：“如果有子弟被征调从军或到边地屯垦，出发时，他的亲长是不是也都以美好的酒食为他饯行？”汉使回答：“确是如此。”

中行说接着说：“我们匈奴最根本的就是战士，老弱的人无法上战场，所以把美好的食物让年轻力壮的青年食用，以增强他们的战斗力，这样老少父子都有了保障，怎能说匈奴轻视老人呢？”

汉使一时词穷，只好从另一个角度切入，再抨击匈奴说：“匈奴父子同住在一个帐篷里，父亲死了，儿子就娶父亲的妾，哥哥或弟弟死了，其他手足就娶他们的寡妻，服饰上没有大小长幼的区别，也没有内外礼节之分。”

中行说则回答道：“匈奴的习俗是吃牛羊肉，喝牛羊奶，穿牛羊皮做的衣服，而牲畜只饮水吃草。匈奴随水草迁徙，一旦有警报，人人都可以上马战斗，平时都只享乐，所以没有烦琐的法律约束，几条简便的规定很容易推行。君臣之间也没有繁文缛节，所以彼此关系可以维持很久，一个国家的政治就像一个人的身体一样，指挥起来非常方便。至于父兄死就娶他们的寡妻，这是唯恐乱了一个家族的血统，所以匈奴虽然曾经有过动乱，可总是由单于这个家族出任领导者。你们虽然没有娶父兄寡妻的习俗，可是亲属之间互相砍杀，以致改朝换代，都是由于这个缘故。更何况繁文缛节只会使人虚伪失真，营建精美的屋宇徒然浪费人力物力，而男人从事耕田种桑以求丰衣足食，修筑城郭以自保，所以一旦有警报，人民都不会战斗，平时也怠于耕种。唉！你们这些汉人不要再多说了。”

汉使还想找题目辩论，中行说没让汉使继续说下去，只说：“汉使，你不必多说了，只要你送来的缯、絮品质和数量合乎约定就好了，何必说那么多废话。如果你送来的缯、絮不合约定，等到秋天时我们匈奴就会南下牧马，蹂躏你们的庄稼。”

中行说之所以敢这么霸道，固然是由于得到匈奴老上单于的信任，但更重要的是，当时匈奴的国力仍凌驾于西汉之上，所以中行说才能用这么霸道的口气与汉使说话，也可从此印证：没有坚强的国力，就没有外交，所谓外交是内政的延长，这是自古已然的道理。不过话说回来，习俗或礼节的形式，不同民族各有其形成的背景，很难求得一致的标准，拿礼俗来辩论，本身就没有意义。而从这件事也可以看出，中行说对匈奴可以说是死心塌地的效忠到底。其之所以如此，一方面固然是他对汉廷心怀怨怒；另一方面则是匈奴老上单于对他的信任与重视，也因此他更加用心地为老上单于出谋划策，以备匈奴随时可以“南下牧马”。

汉匈和亲

汉文帝前元十一年（老上单于六年，前 169），匈奴果然率兵大举南下进犯狄道，西汉上下束手无策，只能眼睁睁地看着匈奴饱掠而去。当时的太子家令晁错以匈奴屡次南下掠夺边疆地区的物资与人口使西汉遭受莫大的损失为题，上书朝廷谈防御匈奴之道，分析匈、汉之间的异同，并提出利用降胡之策，也就是以夷制夷，然后以优势兵力击败匈奴。

晁错说：“臣又闻，小大异形，强弱异势，险易异备。……今匈奴地形、技艺与中国异，上下山阪，出入溪涧，中国之马弗与也；险道倾仄，且驰且射，中国之骑弗与也；风雨罢劳，饥渴不困，中国之人弗与也；此匈奴之长技也。若夫平原、易地、轻车、突骑，则匈奴之众易桡（同‘扰’）乱也；劲弩、长戟、射疏、及远，则匈奴之弓弗能格也；坚甲、利刃，长短相杂，游弩往来，什伍俱前，则匈奴之兵弗能当（同‘挡’）也；材官（骑射之官）驺（音‘诌’，这里作箭）发，矢道同的，则匈奴之革笥（以皮革做的铠甲）、木荐（以木板做的盾牌）弗能支也；下马地斗、剑戟相接，去就相薄（同‘搏’），则匈奴之足弗能给也；此中国之长技也。以此观之：匈奴之长技三，中国之长技五；陛下又兴数十万之众以诛数万之匈奴，众寡之计，以一击十之术也。……今降胡、义渠、蛮夷之属来归谊者，其众数千，饮食、长技与匈奴同。可赐之坚甲、絮衣、劲弓、利矢，益以边郡之良骑，令明将能知其习俗、和辑其心者，以陛下之明约将之。即有险阻，以此当之；平地通道，则以轻车、材官制之；两军相为表里，各用其长技，衡加之以众，以万全之术也。”（《资治通鉴·卷十五·汉纪七》）

晁错提出匈奴长技有三，大致没错，说中国长技有五，就未必正确。比方说“下马地斗、剑戟相接，去就相薄，则匈奴之足弗能给也”。意思是说：跳下马来，短兵相接，或彼此肉搏，匈奴兵比不过中国兵。这是晁错不了解匈奴人的习性。很早以来，所有游牧民族的男子都必须具备骑马、射箭和摔跤三项技能，自匈奴到蒙古莫不如此，到了短兵相接的肉搏战时，中国士兵没有学过摔跤，怎能说必胜呢？不过晁错说把投降的匈奴、义渠武装起来，再由知晓胡人习俗的良将领导，形成胡汉联合部队，出击匈奴可以制胜，这在当时而言，算得上是相当高明的意见，汉文帝也因此嘉勉了他一番。

之后，晁错又建议移民到边疆地区屯垦，平时耕种，战时就成为士兵，这样可解决长途运送兵员的难题，这在当时来说确实是先进的看法，此后历朝历代几乎都推行了这个政策。

汉文帝十四年（老上单于九年，前166），老上单于又在中行说的鼓动和策划下，亲率十四万骑南下进犯朝那、萧关，杀北地都尉孙卬，掳走了许多汉人和牲畜、物资。后来一路进逼到了彭阳（约今甘肃省庆阳市西南），火烧设在回中（今甘肃省内）的汉廷宫殿，先遣部队的斥候更逼近了雍城（约今陕西省凤翔县）、甘泉，到这里，已经很靠近西汉的国都长安了。

这种情况对西汉而言已经很危急了，再如何崇尚黄老无为而治、温

伏生授经图

明朝崔子忠绘。描绘伏生传授晁错《尚书》时的情形。画中老者是伏生，伏案书写者为晁错。伏生即济南隐士伏胜，秦代博士，西汉经学家，秦始皇焚书时私藏《尚书》等经籍，汉文帝时年逾九十岁。汉文帝派晁错向他请教有关《尚书》的学问，伏生于是传授《尚书》二十九篇，成为第一位《尚书》讲授者

文儒雅的汉文帝也必须要有所动作，于是他赶忙派中尉周舍、郎中令张武为将军，动员战车千辆、骑兵步兵十万屯驻长安附近，以防备匈奴，此外又以昌侯卢卿为上郡将军、甯侯魏遬（音“速”）为北地将军、隆虑侯周灶为陇西将军，屯三郡。汉文帝本想御驾亲征，因太后出面阻止才作罢，但仍以东阳侯张相如为大将军，成侯董赤、内史粟布为将军，

率军攻击匈奴。不过，虽然老上单于在长城内停留了一个多月才退回北方，但汉军出长城时，老上单于已经率军离去，双方没有接触。

这次战役老上单于见汉军不敢出塞追击，认为是汉廷胆怯，也就更加无所顾忌，此后好几年，几乎连年“南下牧马”，掳掠汉地人民的物资，国力因此更为强大，同时也让他向外扩张的野心更大了。一时之间，西起云中（今内蒙古自治区托克托县），东至辽东，北达贝加尔湖，南抵长城，好几千公里都成为匈奴帝国铁骑出没的范围，有时更掳掠沿边各郡万人北去。

西汉既无战胜的把握，便不敢轻启战端，面对匈奴的经常南下掠夺，只能委屈求和。于是，汉文帝派遣使者带着书函来到匈奴，再提和亲，以谋求两国间的和平。老上单于也派了当户且渠（匈奴官名）雕渠难为使，并送了两匹马给汉文帝。一时间，剑拔弩张的紧张形势又暂时缓和下来。

汉文帝认为，老是这样被匈奴扰边，西汉再遣使致书并致赠礼物谋求一时的和平也不是办法，汉、匈之间应该划定边界，有了明确的边界，才可以约束双方人民不要越界，唯有这样才有和平可言。

于是汉文帝后元二年（老上单于十三年，前 162），西汉致书匈奴，大意是：根据已往的惯例，匈奴与汉各有统治地区，“长城以北，引弓之国，受命单于；长城以内，冠带之室，朕亦制之”，说明汉、匈要以长城为界，各自人民在疆界之内放牧、耕种，各自安居乐业。而汉廷考虑到匈奴位处北方，秋冬寒冷，所以每年都会送去定量的金银、粮食、纺织品，

文帝诏书

匈奴大单于遗朕书，和亲已定，亡人不足以益众广地，匈奴无入塞，汉无出塞，犯令约者杀之，可以久亲，后无咎，俱便。朕已许。其布告天下，使明知之。

西汉时的单于和亲造砖模具

方形，面有凹下篆文四行十二字："单于和亲，千秋万岁，安乐未央"，字间有界格。现藏于中国历史博物馆

以为接济。现在天下大致安定，彼此照顾好自己的子民，不要越界，以往的越界之事就不要再提了，但愿从此以后世世代代都能和睦相处。老上单于可能也同意了，并回了信，只是在《史记》《汉书》里都没提到老上单于的回函，不过从之后的史书记载可以看出，汉文帝下诏书给沿边各郡官民，禁止官民越界，从诏书中也能明确看出，老上单于曾经给汉文帝回了信。

于是汉、匈之间又恢复和亲，双方维持和平状态。对西汉而言，一时间，北方没有烽火之警；对匈奴而言，南方的西汉已经绝对不可能成为匈奴的威胁。

匈奴侵西域

草原游牧民族都有向外扩张的天性，狭义的西域（指塔里木盆地各绿洲国家）已经被匈奴所征服，并向匈奴称臣纳贡。之前从敦煌、祁连山一带被匈奴赶跑西迁的月氏人，这时还在伊犁河一带，有一小部分留在敦煌、祁连山之间与羌人混居，称小月氏，已不足为患；而西迁伊犁河的大月氏人数还相当多，原来的乌孙也同时西迁到月氏附近。这时老上单于既无事于南方，就想起西边还有乌孙、月氏需要加以征服，于是便把扩张的箭头指向西方。

汉武帝时，派遣张骞出使西域，就是想跟月氏结盟，以断匈奴右臂。张骞虽然没有达成使命，但西汉却和乌孙有了和亲关系，这才形成了汉武帝东西夹击匈奴的大战略，乌孙的重要性由此可知。月氏后来在中亚形成昭武九姓诸国，东来西去贸迁有无，沟通东西文化，而昭武九姓胡商中有很多人移居中国，带来了袄教、摩尼教、佛教等，对中国文化产生了极大的影响。他们早期都和匈奴有所接触。

大约在远古时代，高加索的白种人向各方迁徙，其中一支向东南方向进入中亚，并且停留在当地，成为吐火罗人，也就是后来的粟特人。有的继续向东南迁徙，进入波斯、印度，称雅利安人。还有一支继续东进，陆陆续续在天山南部塔里木盆地各绿洲停留，形成西域三十六国。另有更往东进的一部分，到达河西走廊西端的敦煌、祁连山之间，就是月氏、乌孙。

敦煌一词是在汉武帝之后才有的，月氏与乌孙虽然聚居地区相隔不远，可是都具有游牧民族的天性，从来就没有和睦相处过。最初月氏称强于西北方，后来匈奴冒顿单于强大后讨伐月氏，连带进攻乌孙，月氏与乌孙就西迁到伊犁河一带。月氏曾攻击乌孙，并且杀了乌孙昆莫难兜靡，当时难兜靡的儿子猎骄靡还是婴儿，月氏就把这个小孩丢在荒郊野外，传说居然有乌鸦衔了肉来喂这孩子，匈奴单于看到这情景觉得奇怪，以为有天神在帮助他，就收留了这个小孩，长大后让他带兵，猎骄靡立下许多战功，匈奴还把原来乌孙的人民拨归他统治。猎骄靡逐渐攻掠邻近的小部落，不久之后形成一股力量，西迁到伊犁河流域，和月氏为邻。

乌孙在匈奴的支持下又有力量与月氏为敌，双方终于发生战争，月氏大败，逃往中亚，月氏王的头盖骨还被匈奴单于拿去做了饮酒器，这件事情《史记》《汉书》都曾加以记载。月氏逃往中亚后，乌孙占有了月氏的驻牧地，成为匈奴在西域的盟友，只是后来乌孙的力量逐渐壮大，对匈奴不再言听计从，这才在后来让汉武帝有了可乘之机。

老上单于扩张的目标指向月氏，不过就在目标确定的次年，汉文帝后元三年（老上单于十四年，前 161），老上单于就与世长辞了，经营西域北部的壮举只好留待后人去完成。

纵观老上单于的一生，他从匈奴帝国创始者冒顿单于手中继承了草创的庞大帝国，并没有辜负帝国缔造者的志业，一方面继续从南边西汉获得大批物资，另一方面经营西域，壮大匈奴的版图，迫使西汉正式承认“长城之北，引弓之国，受命单于”，卑辞厚币以求和。老上单于对冒顿单于而言，可以说是克绍箕裘了。

老上单于死后，由儿子嗣立，是为军臣单于。军臣单于继续推动老上单于剿伐月氏的未竟之志，指使乌孙攻击月氏。前述杀月氏王并把月氏王的头盖骨加工成饮酒器一事就是发生在军臣单于时代。据《汉书·匈奴传》载，后来韩昌、张猛和匈奴单于盟誓时，就曾使用这个饮酒器共饮血酒。

军臣单于在位时仍然重用汉人中行说，而西汉也仍然以和亲，赠布、帛、米、酒等方式维持双方的和平。起初汉、匈双方并没有太大的冲突，但是好景不长，在汉文帝后元六年（军臣单于四年，前 158）时，匈奴拒绝和亲，并大举南下，以三万骑入云中，三万骑入上郡，展开了大规模的屠杀，烽火通于甘泉、长安，汉廷为之震惊。

于是，汉廷以中大夫令免为车骑将军，屯兵飞狐口（今河北省境内，太行山东端）；以故楚相苏意为将军，屯兵句注山（今山西省太原市一带）；以将军张武屯北地；又以河内太守周亚夫为将军，屯兵长安西之细柳；另以宗正刘礼为将军，屯兵长安东方的霸上；以祝兹侯徐厉为将军，屯兵棘门（今陕西省咸阳市西北）。从以上的部署可知，细柳、霸上、棘门靠近都城长安，为第二道防线，周亚夫、刘礼和徐厉也都是文帝身边的近臣，因此这一道防线也可看作内围防线。而飞狐口、句注山、北地距长安稍远，可看作第一道防线，令免、苏意、张武都是一时名将，因此这一道防线也可看作外围防线。汉廷此时还是采取守势战略，不过以当时的国力来看，不可能有攻势战略，能有这样的部署，已经是尽其所能了。

军臣单于看到汉军并没有出击，于是在占领区尽情掠夺，为时长达一个多月，然后扬长北返。

周亚夫

沛县（今江苏省沛县）人，西汉著名军事家、名将，被誉为真将军，其父周勃也是名臣

飞将军李广

汉文帝后元七年（前157），汉文帝驾崩，由子刘启嗣立，是为汉景帝。景帝既立，立即处理匈奴问题，派开封侯御史大夫陶青为使，到匈奴和亲，时为匈奴军臣单于六年，公元前156年。

次年秋，汉又遣使与匈奴和亲。从史传字面上看只有和亲两个字，事实上附带送去的黄金、布帛、粮食在数量上是相当庞大的，对匈奴在经济上具有推动作用，改善了匈奴人夏季的衣着习惯。说实在的，麻、纺织品在夏季确实比皮毛更为合适，可是也正因为如此，使匈奴对这类纺织品更为渴求，在正常交易不成之后，匈奴便取之于掠夺。

不久，汉景帝采晁错之议，削减各诸侯国力量，引发“七王之乱”。所谓七王之乱，是指吴王刘濞、楚王刘戊、胶西王刘卬、胶东王刘雄渠、淄川王刘贤、济南王刘辟光及赵王刘遂联合闽、东越起兵叛汉。其间赵王刘遂更派使者来到匈奴，要与匈奴结盟，对抗西汉，结果汉廷很快便剿灭了赵王刘遂，匈奴才没有南下。

到了汉景帝五年（军臣单于十年，前152），汉又遣使到匈奴和亲。此后三年，匈、汉之间都没有发生战事。汉景帝中元二年（军臣单于十四年，前148），匈奴又入燕河（今甘肃省境内），不过这次只有小规模的掠夺。

次年，有几个原来从西汉投降匈奴而被匈奴封为王的人又从匈奴来降汉，汉景帝自是大为高兴，立刻分别封为安陵侯、桓侯、遒侯、容城侯、易侯、范阳侯及翕侯。这期间，匈、汉双方都有人投降对方。

双方如此僵持着又过了三年。到了汉景帝中元六年（军臣单于十八年，前144），匈奴再度南下，率军入雁门，至武泉（今内蒙古自治区乌兰察布市武川县），入上郡，掠取汉廷所养的苑马。汉景帝时已经深知，如果要与匈奴兵戎相见，必须运用骑兵，训练骑兵先得有马，所以造苑养马，可见景帝已有和匈奴对抗之意了。或许由于养马的消息外泄，引起匈奴的戒心。而在这次匈奴南下掠夺苑马的行动中，汉廷的吏卒为了保护苑马对匈奴进行抵抗，被匈奴杀了两千多人。匈奴饱掠而去，汉廷对匈奴也是无可奈何。

在这次事件之前，当时的陇西人李广为上郡太守，有一次他只带了一百多个骑兵离开大军出巡，不料遇到好几千名匈奴骑兵。匈奴一看李广只有一百余名骑兵，以为这是汉兵诱敌之计，不敢前来攻击，只在附

西汉名将李广墓

位于现甘肃省天水市

近的山上列阵等待。

李广所率的这一百多名骑兵看到匈奴有几千骑兵，当然感到惊慌，都想赶快逃走。足智多谋的李广立刻阻止说："我们离开大军已经好几十里了，如果我们现在逃走，这几千名匈奴骑兵必定会追赶来射杀，那时我们都会被赶尽杀绝。但现在如果我们留下来，匈奴会以为我们只是诱饵，后面将有大军，反而不敢来攻击我们。"说罢，又命骑兵继续前进，直到离匈奴骑兵只有二里左右才停下来，并且要士兵解下马鞍休息。士兵不解，就问："敌人这么多，一旦攻击，该怎么办？"李广则说："敌人以为我们会走，现在我们解下马鞍休息，表示不走，就是要他们来攻击，这样就更像诱敌之计。"匈奴果然中计，不敢来攻。

僵持到第二天，匈奴终于撤走，李广这才带领这一百多名骑兵安全返回。可见李广不仅足智多谋，而且极其镇定，是个大将之才。

汉景帝后元二年（军臣单于二十年，前 142），匈奴又率兵入雁门，西汉雁门太守冯敬不得不率军应战，结果兵败被杀。

次年，汉景帝驾崩，子刘彻嗣立，史称汉武帝。由于主客观形势都有所改变，匈奴与汉的关系也有了很大的转折。

成长中的西汉

汉武帝即位之初，对匈奴的政策仍然和高祖、吕后、文帝、景帝时代一样，以维持汉匈之间的和平为主。如汉武帝建元六年（军臣单于二十七年，前 135），匈奴来请和亲，汉武帝命群臣讨论。

那时大行（官名，职掌接待宾客）王恢是燕地人（今河北北部），对匈奴的情况相当了解，他建议说："我们汉帝国与匈奴和亲，约定双方和平相处，通常只不过维持几年匈奴就违反约定。建议不要同意和亲，而且应该出兵讨伐（不如勿许，兴兵击之）。"

可是，御史大夫韩安国另有看法，他说："匈奴逐水草而居，漂浮不定，很不容易掌握行踪，中国自古以来就没有把他们看成正常的人类。我们如果兴兵讨伐，行军几千里跟匈奴争战，早已人疲马乏，而匈奴以逸待劳，这是很危险的事，还不如和亲。"

群臣几乎都附和韩安国的看法，于是汉武帝采纳了多数人的意见，可见汉武帝初年仍然奉行与匈奴和亲的政策。

自汉高祖平城之围开始实行与匈奴和亲之策，到汉武帝建元六年（前135），前后共计六十五年，汉匈之间都是通过和亲以维持双方的和平。其间并非每年都有公主嫁给单于，但致赠布、帛、米、酒却几乎是年年都有，只不过撰写历史的笔抓在汉人手里，所以无论《史记》《汉书》或《后汉书》，都只记载了嫁"公主"和亲，而忽略了"馈赠"，总认为这是不光彩的事情，能不记载就不记载，就"史"而言，这是不够客观的。

匈奴自冒顿单于攻破东胡，以至军臣单于，祖孙三代七十几年，东征西讨，疆域日渐扩大，北方丁零、坚昆完全臣服，南方西汉也几乎年年纳贡，可以说是匈奴帝国的"黄金岁月"。当时匈奴与西汉都互相收留对方投降的人，尤其匈奴收留西汉降臣以获得西汉的"情报"，同时还以这些降臣作为匈奴政治、文化方面的顾问，而这些降臣也几乎都受到匈奴单于的信任与重用，像韩王信、卫律、赵信、卢绾及中行说等。

关于这一点，一方面，当时匈汉双方都还没有产生很强烈的民族意识，因此也就没有所谓的民族歧视，更没有"非我族类，其心必异"的狭隘民族心态，所以汉人投降匈奴的人数不少；另一方面，由于匈奴骑兵勇猛无比，而汉廷又无力抵抗，使边境臣民普遍对匈奴产生恐惧感，近代学者胡秋原把这种恐惧感称为“恐匈病”。因为恐惧匈奴，所以投降匈奴，这对匈奴而言自是大大有利，这也是自冒顿单于到军臣单于匈奴敢于经常南掠的主要原因。

自冒顿单于以来，这六七十年是匈奴的“黄金岁月”，如果能好好把握丰富的物资，完善国家机构，培训人民知识、技能，很有可能使匈奴帝国从游牧形式脱胎换骨，建立更具规模的国家。但是匈奴并没有把握住这几十年的“黄金岁月”，也没有脱离游牧的意识与生活形态，反而因为农业地区物资的进入，助长了对农业地区的依赖。一旦农业民族武力增强，匈奴势必无法抵挡。也正因为如此，匈奴的“黄金岁月”一旦流失，就再没有回来的可能了。

第七章

汉武帝与匈奴

马邑之围

汉武帝即位之初，仍然采取和亲政策对待匈奴。可是汉武帝毕竟是怀有雄心壮志的帝王，之前廷议时虽然勉强采纳多数大臣所支持的和亲之策，但对王恢所建议的“不如勿许，兴兵击之”，显然甚为重视。和亲虽能换得短暂的和平，对人力、财力的消耗也比战争少，但终究不是长远之计，不过战争是件大事，必须详细筹划部署。于是，汉武帝以卫尉李广为骁骑将军，屯云中；以程不识为车骑将军，屯雁门，决心以武力防卫匈奴的南下。

到了汉武帝元光二年（军臣单于二十九年，前 133），雁门马邑富商聂壹给大行王恢提出了设法引诱匈奴深入，然后伏兵予以袭击，最后攻破匈奴的建议。王恢上奏朝廷，于是汉武帝又让众大臣商讨，王恢主战，韩安国主和，两派经过冗长且激烈的辩论之后，汉武帝最终采纳了王恢主战的意见。

同年六月，西汉以韩安国为护军将军，卫尉李广为骁骑将军，太仆公孙贺为轻车将军，大行王恢为将屯将军，太中大夫李息为材官将军，总共三十万车骑隐藏在马邑附近的山谷中，诱使匈奴进入马邑纵兵掠夺。

西汉以聂壹为间谍，诈逃至匈奴，向军臣单于报告说能够斩杀马邑县令、县丞，然后以马邑城降于匈奴，使匈奴可以尽得全城财物。单于自然高兴接受。聂壹还杀了两个死囚，将他们的人头挂在马邑城门上，让匈奴的使者信以为真，立刻回报单于，说已经杀了马邑的县令与县丞，可以立刻来取马邑。

于是，军臣单于立即率十万骑兵越过长城进入武州塞（今山西省左云县），到了离马邑不及百里远时，只见牛羊遍布田野，像是没人管似的，匈奴军队觉得非常奇怪，于是攻击亭障，抓到雁门尉史，本想把他杀了，不料这个尉史贪生怕死，把汉兵埋伏在山谷里的秘密告诉了军臣单于。单于听后立刻率兵退了回去，而且认为这个西汉尉史是上天派来帮助匈奴的，还封他为天王。

西汉这边得知匈奴单于已经退兵，就一路追到长城脚下，可是之后再也追不上了，只好收兵。另一边王恢从代县出击匈奴的辎重，探知单于率兵返回而且人数很多，就不敢再出击了。

汉廷这次埋伏诱敌之计功败垂成，但无论如何，西汉已从纯粹防卫守势的战略思维改变为攻击的战略思维，这在历史上是一个重大的转折。

从和平到战争

马邑之围后，匈奴就拒绝与西汉和亲，更经常南下攻击要塞，进行掠夺，但是又不放弃与西汉进行边境贸易。也由于这件事，汉廷自觉理亏，同意继续开放边境贸易。边境贸易对匈奴而言非常重要，自远古以来，北方游牧民族逐水草而居，很难取得农作物、丝麻纺织品等，这些都是生活中不可或缺的物资，因而只有通过与农业地区人民交易才能获得，所以某些时候，中原王朝就以边境贸易作为约束游牧民族的一种手段。这时匈奴要求继续开放边境贸易，正是可以约束匈奴的手段，所以汉廷就同意了。

西汉自刘邦平城之围推行与匈奴和亲政策以来，到汉武帝有七十年左右的时间，与匈奴之间的小冲突虽然常有，但是大规模的战争几乎没有。

战争是一个国家最大的消耗。没有战争，国家的财富容易累积；没有战争，国家的人口容易增加；没有战争，国家可以从容地从事建设。总而言之，没有战争可以富国强民。

不过，这个道理只适用于农业国家，游牧国家则正好相反。游牧地区的人民唯一的工作就是游牧与狩猎，在游牧或狩猎时，必须时时面对野兽的攻击，以及其他游牧部落的掠夺，所以每个成年的游牧者几乎都是一名骁勇的战士，战士的工作就是战争，何况在战胜时可以掠夺物资，提高自己的生活品质；战胜时可以掳掠人口，以充当自己的奴隶，壮大自己的实力。所以，自古以来游牧民族就视战争为生财的事业，人人争先恐后，唯恐漏掉“发财”的机会。这也就是极少数的游牧武力经常困扰人口数倍于己的中原王朝的原因。

在中原王朝里，军人只是一种职业，不得已时才要上战场，而游牧民族人人都是战士，战士视战争为终生事业。人人盼望战争，只要有战争，就有了希望，所以无不勇往直前。同时游牧民族普遍认为，唯有战死沙场才是男儿本色，老病而死则往往被视为懦夫，更由此而领悟“人死原是万事空”的洒脱的人生观。只要在沙场上不死，女子财物应有尽有；一旦死亡，虽然万物皆空，却能留下英雄名声，供后人凭吊；如果失败，只要留得有用之身，他日还可以东山再起。

这一套游牧民族的逻辑是中原地区历代帝王将相都很难悟透的，所以两千多年来北方游牧民族以极少的人口，始终威胁着中原王朝。历来研究匈奴、突厥、回纥、鲜卑乃至蒙古史的学者，都没有从游牧民族的深层思维逻辑中探讨他们行为模式的根源。而正是这一套思维逻辑，为匈奴民族的生生不息奠定了坚固的基石。

西汉经过七十年没有重大战争的日子，国富民丰，据史传记载：国库里的钱多到贯穿铜钱的绳子都腐朽了；粮仓积存的米粮多得都发霉了。虽然这七十年间几乎年年给匈奴送去若干米粮布帛，但对整个西汉的总生产量而言，仍然是微不足道的。

西汉的反击

汉武帝继位时，可以说是西汉最富庶的时代，而汉武帝又是一个豪情万丈、胸怀壮志的帝王，不甘心延续七十年来以和亲为名的屈辱式外交，于是开始整军经武，准备给匈奴以痛击。但是他深知，匈奴的军事力量是以骑兵为主，而此时的西汉仍然以步兵为主，步兵对骑兵处于先天劣势，要痛击匈奴，就必须要有足够的骑兵，因此汉武帝一方面养马训练骑兵，一方面修缮沿边的城寨。汉武帝元光五年（军臣单于三十二年，前 130），汉武帝派兵约一万人整修雁门城寨，并整治道路，以便未来大军可以顺利出动。

第二年，汉武帝正式派遣大军，分四路出塞攻击匈奴，分别是车骑将军卫青率万余骑出上谷（今河北省张家口市以及北京市一带）、骁骑将军李广率万余骑出雁门、骑将军公孙敖率万余骑出代，以及轻车将军公孙贺率万余骑出云中。

这四个地方都是关市（边境贸易）之处。其中，卫青一部深入匈奴祭天的龙城，杀了七百多名匈奴人，算是略有斩获。公孙贺出云中未遇见匈奴，空手而回。公孙敖则为匈奴所败，损兵折将七千多骑，大败而回。李广一部也为匈奴所败，李广被匈奴生擒，所幸李广机智，在囚车上装死，趁匈奴不注意时跳上马，疾驰南逃，总算捡回一条命。

汉廷检讨战果，卫青小有斩获，封关内侯；公孙贺无功也无过，不做赏罚；李广、公孙敖损兵折将，当斩，最后贬为庶人。其实以一战论功过未必公平，不过西汉能主动出击，虽然首战不利，但毕竟是划时代的壮举，在历史上自有其意义。

匈奴军臣单于眼见西汉主动出击，虽然匈奴没有太大的损失，但是对于汉军的挑衅自然不能没有警觉，更想加以报复。于是就在同年冬天，进兵骚扰边境，尤其是渔阳（今北京市一带）地区。

次年（汉武帝元朔元年，军臣单于三十四年，前 128）秋天，匈奴又以两万骑入西汉边域，杀辽西太守，劫掠两千多人，再围渔阳。当时屯守渔阳的汉材官将军韩安国不敌，只得东徙，匈奴入渔阳、雁门各杀千余人。

汉廷这时几乎没有足以震慑匈奴的大将，只好将已贬为庶人的李广再封为右北平太守。李广在当上郡太守时曾经以机智骗过匈奴，再加上能征善战，而有“飞将军”的名号，唐诗中的名句“但使龙城飞将在，不教胡马度阴山”就是歌咏李广。匈奴对李广未必畏惧，但至少有所顾忌，汉武帝以李广出任右北平太守，多少含有心理战的成分。果然，自李广出守后，匈奴有好几年都不敢入右北平。西汉时，右北平郡属幽州刺史部，辖区大约为今天的辽宁省与河北省东北部唐山一带，与匈奴左贤王辖地相接，地理位置极为重要。

也是在这一年秋天，西汉命车骑将军卫青率三万骑出雁门，将军李

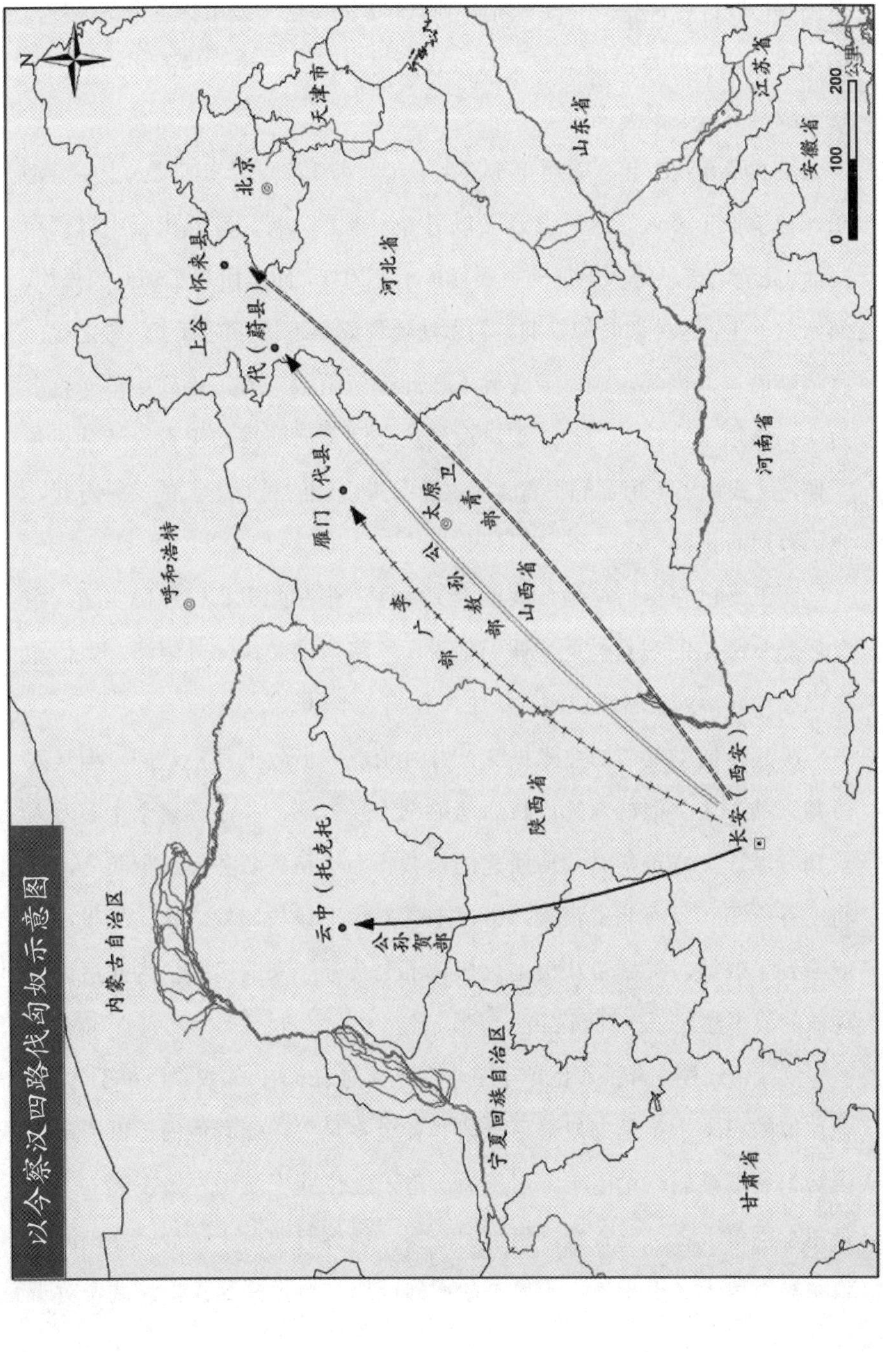

以今察汉四路伐匈奴示意图

息出代，以讨伐匈奴。卫青又斩杀了一千多人。这一战虽称不上是大捷，但至少证明了汉军已渐渐有了与游牧的匈奴骑兵一决雌雄的实力，因此这一战具有重要的意义。

汉武帝元朔二年（军臣单于三十五年，前127），匈奴又入上谷、渔阳，掠杀一千多人。这时汉廷又以卫青、李息为将，率兵出云中以西至陇西。卫青、李息这次出征的主要目标不是匈奴，而是臣属于匈奴的楼烦、河南白羊王，这种切断匈奴羽翼的做法使匈奴南下掠夺时有了后顾之忧，就战略而言，极其正确。卫青等人在此役斩杀数千人，得到牛羊一百多万头，楼烦王、白羊王都逃走，汉廷也夺回了河南地。卫青以战功封长平侯，汉武帝还下诏嘉勉卫青。这次随卫青出征的另有苏武的父亲苏建，也因有功而获封。

西汉既已夺得河南地，大臣主父偃便主张在此设郡，移民实边。主父偃是从战略的观点做此主张，他说："河南地肥饶，外阻河，蒙恬城之以逐匈奴，内省转输戍漕，广中，灭胡之本也。"

汉武帝把主父偃的主张提交公卿讨论，大多数人都不认同，但汉武帝却采纳了主父偃的意见，将河南地设为朔方郡，并命苏建率十多万人筑朔方城，又修筑秦时蒙恬所建的长城。为了整齐防务，易于防守，还将上谷造阳（今河北省张家口市怀来县）拱手让与匈奴。这次战役，匈奴尝到了败绩，汉武帝从根本上扭转了七八十年来的劣势，为此后讨伐匈奴的战事注入了一针强心剂。

汉武帝元朔三年（军臣单于三十六年，前126），匈奴军臣单于驾崩。他在位的三十六年是匈奴最后一段"黄金岁月"，随着他的过世，匈奴国势也逐渐衰弱。军臣单于崩殂后，单于之位并不是由左贤王嗣立，而是由军臣单于之弟左谷蠡王伊稚斜夺得。伊稚斜即单于位后，立刻派兵攻杀军臣单于之子于单，于单不敌而向南逃亡，投降西汉。汉武帝对于单的投降感到十分高兴，封他为涉安侯。不过可能是因为心情郁闷，或是南下后水土不服，涉安侯在长安只住了几个月就因病去世了。

张骞凿通丝路

汉武帝即位之初就深深了解，要彻底解除匈奴的威胁绝不是一件简单的事。当时的匈奴已经威服西域各国，可以源源不断地取得补给，而汉军对匈奴作战最大的难处就是补给问题，所以汉匈之战，表面上是战力的竞赛，实际上却是后勤补给的对抗。如果西汉能切断西域和匈奴的关系，就等于断了匈奴的右臂，匈奴右臂一断，这场战争就容易打了。根据历史记载，匈奴前后两次攻打月氏，后来那一次更把月氏王的头盖骨做成了饮酒器，这应当是月氏民族心中最大的痛，如果能派人到月氏游说，让月氏燃起复仇之火，跟西汉联手，东西夹击匈奴，那就胜券在握了。

这是个具有“国际观”的大战略，必须派一个有胆识、敢冒险而又具说服力的人才能完成这个使命，于是汉武帝公开向天下招募能担任这一使命的人才，最后选中了汉中（今陕西省汉中市）人张骞出使西域。

张骞到底是哪一年出发已不可考，不过根据之后发生的史实往前推算，可以知道大约是在汉武帝即位初期即出发。张骞入选后从陇西出发，结果在经过匈奴辖地时被匈奴抓去，一关就是十几年，还在匈奴娶妻生子，在这段时间里，汉武帝因苦等不到张骞的消息，而有前述对匈奴作战之事。张骞历尽艰苦，最后才终于找到机会逃出匈奴，继续西行，又花了不少时间才到达中亚一个叫大宛（约今乌兹别克斯坦与吉尔吉斯斯坦交界处的费尔干纳，Fergana）的古国。大宛早就听说东方有个大汉帝国极为强大和富庶，只是被匈奴阻隔而无法前来，现在见到张骞，自是大喜过望，于是派了向导和翻译护送张骞到月氏所在的康居（今乌兹别克斯坦撒马尔罕，Samarqand）。

当初匈奴支持乌孙攻打月氏，而且杀了月氏王，还把他的头盖骨做成了饮酒器，月氏太子率领部族向西逃到今天中亚的锡尔河、阿姆河之间的大夏国。月氏虽然是匈奴的手下败将，可是打起大夏仍然是游刃有余。在灭亡大夏后，月氏接替大夏政权统治河中地区。不过月氏人毕竟只占少数，不可能直接统治原大夏人民，于是月氏任用大夏的五个翕侯（地位仅次于王的诸侯）统治当地人民，以蓝氏城（或作监氏城，今址不详，可能在阿富汗境内）为都，只不过派人监临收取贡赋而已，实行间接统治。张骞到达月氏时，原来的太子已即位成月氏王，正过着优越的统治者生活，不想再去碰触战争，也就不想去跟匈奴报杀父之仇了。

张骞在西域停留了一年多都无法说服月氏王，于是在汉武帝元朔三年（伊稚斜单于元年），张骞回到长安。虽然原定计划没有达成，但张骞仍带来许多和西域有关的形势和资讯。张骞对汉武帝说，乌孙是西域的一个新兴力量，虽然是由匈奴扶植而立，但是现在已经不太服从匈奴，似乎可以进行联络，结为盟国，以断匈奴右臂。此外，张骞还带回许多西域的植物，像苜蓿、波棱（菠菜，今日闽南语还读作波棱仔）、石榴和葡萄等。可见张骞通西域，固然是从政治目标出发，但在文化、经济上的成果更甚于政治。

汉武帝听了张骞的报告之后，觉得既然不可能联合月氏，就应采取联合乌孙以实现断匈奴右臂的大战略，于是再次派张骞出使乌孙游说。乌孙贪图西汉的厚赠，西汉又以“翁主”（宗室王之女）江都王刘建的

张骞纪念馆拜殿（献殿、享殿）前的汉阙门楼

在今陕西省汉中市城固县

女儿为细君公主远嫁乌孙昆莫，为昆莫右夫人。昆莫另以匈奴单于的女儿为左夫人。游牧民族尚左，显然细君公主的地位仍不如匈奴公主。

乌孙昆莫得到西汉的厚赐之后，果然与西汉合作，逐渐疏远匈奴。西汉这招"远交近攻"的策略匈奴应该并非一无所知，只不过史书上都没有记载匈奴的反应，因此后人只能从匈奴的行动来进行推测。汉武帝元朔三年（前 126），匈奴以数万骑兵入塞，杀代郡太守，掠夺一千多人北去；同年秋天又攻入雁门，再杀一千多人。第二年，匈奴又攻入代郡、定襄、上郡，杀数千人。这两年匈奴动员的兵力总计在二十万左右，而西汉都没有积极回应，想必是前几次出征伤亡过多，必须休养整补。

到了元朔五年（伊稺斜单于三年，前 124），可能西汉已经完成整补，于是动员了十多万兵力，想要对匈奴实施犁庭扫穴，彻底歼灭匈奴。西汉兵分三路出击，兵力部署形式为：车骑将军卫青将三万骑，出高阙；

细君公主

细君公主远嫁乌孙后，因语言和生活习俗都迥异于西汉，再加上和昆莫猎骄靡的年龄差距过大，因此难以适应，时时感到悲伤，就做了一首歌谣，表达心中的郁闷：

吾家嫁我兮天一方，
远托异国兮乌孙王。
穹庐为室兮旃为墙，
以肉为食兮酪为浆。
居常汉土兮心内伤，
愿为黄鹄兮归故乡。

这首歌谣既呈现出草原生活的饮食、居住实景，也诉说出细君公主内心的无奈，既是写景又是诉情，有很高的文学价值。

歌谣传到长安后，汉武帝读了也觉心酸，但是为了现实考虑，并没有让细君公主回来，只是派人送去许多汉地的物品，以排解细君公主的思乡之愁。

可能是由于过分忧伤，没过两年细君公主就忧郁而死。而西汉为巩固和乌孙的邦交，又另以解忧公主嫁乌孙昆莫。

卫尉苏建为游击将军、左内史李沮为疆弩大将、太仆公孙贺为骑将军、代相李蔡为轻车将军，共出朔方；大行李息及岸头侯张次公出右北平。

从以上兵力部署看，卫青一部从高阙（朔方之北，今河套西套北边）出，显然是要面对匈奴右贤王的主力，期望能一举攻破，永绝后患；卫

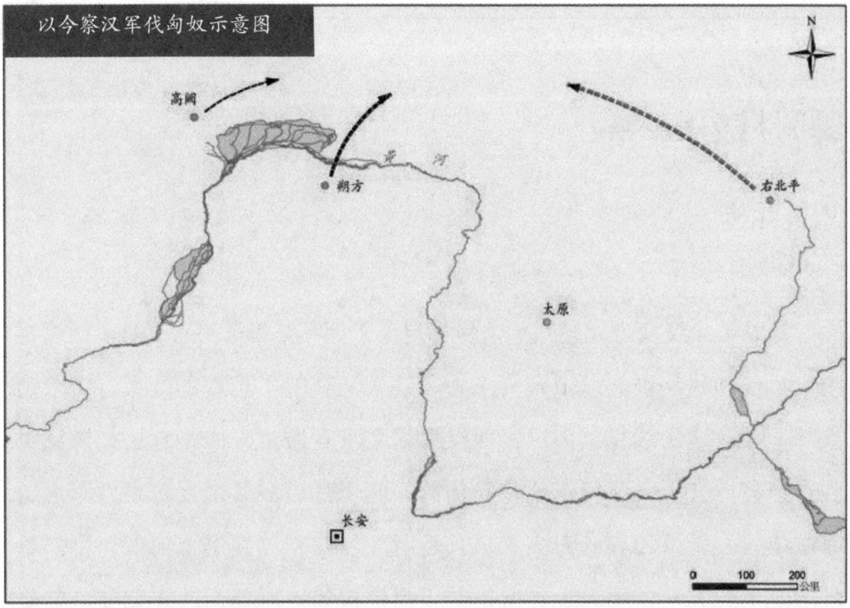

尉苏建一部则为卫青的援军。至于大行李息一部，应该是攻击匈奴的左贤王辖地。

当时匈奴右贤王人在漠北，虽然已经侦得汉军出动的信息，但是他判断汉军不可能横渡大漠，所以依然漫不经心，饮酒如故。没想到，这次汉军在卫青的率领下像是铁了心似的，硬是越过大漠，趁夜团团围住了右贤王。这下右贤王大惊，只带了几百名勇壮骑兵向北而逃，汉兵追了几百里都没能追上，这才鸣金收兵。

这一战，汉军俘获右贤王的小王十多人，众男女一万五千多人，牲畜几十万头，可以称得上是战果辉煌。卫青等人也因为这一仗再次得到朝廷的封赏。

骠骑将军霍去病

第二年（汉武帝元朔六年，伊稚斜单于四年，前123）二月，西汉再次大举伐匈奴，仍然以卫青为主力，结果又获得了可观的战果，斩杀匈奴几千人。这次战役结束后，西汉大军并没有撤走，而是直接把部队屯驻在定襄、云中、雁门三地整补休息。两个月后，又由卫青率六军出定襄击匈奴，斩杀匈奴一万多人。只是所部赵信和苏建遇上匈奴伊稚斜单于所统率的大军，因人少力薄，结果赵信被匈奴所俘而投降匈奴，匈奴对赵信相当礼遇。苏建兵败后，只身逃了回来。

这次战役，西汉还培养出一位少年英雄，即年仅十八岁的霍去病。霍去病此战只率领八百多名骑兵直冲匈奴巢穴，斩杀匈奴两千多人，并且活捉了伊稚斜单于的叔父罗姑比（或作罗姑），建立了极大战功。

匈奴在西方失去支援，又被汉军三番两次地攻击，实力受到极大的削弱。当对外不顺利时，内部就会发生问题。说来也巧，那几年的气候不是极冷就是大雪，使得伊稚斜单于的统治在匈奴内部受到挑战。只是由于冒顿、老上、军臣三代单于所累积的国力仍然相当厚实，伊稚斜才得以继续安坐单于之位。

前面说到赵信兵败被捕而投降匈奴，很受单于的重视，被封为自次王，伊稚斜单于还把自己的姐姐嫁给他，伊稚斜单于认为赵信来自汉军，深知汉军作战策略，所以对他的建议都相当尊重。赵信建议匈奴把主力迁到漠北，然后诱使汉军深入漠北，汉军长途而来，补给必然困难，匈

西汉执械俑

出土于江苏省徐州狮子山兵马俑坑，现藏于江苏省徐州博物馆

奴可以趁汉军粮尽时再予以追击，当可获胜。伊稺斜单于对此非常赞同。为表示对赵信的重视，伊稺斜单于还为他筑城，以安置赵信和他的部众。

汉武帝元狩元年（伊稺斜单于五年，前 122），匈奴又派骑兵入上谷，杀了好几百人，并掠夺物资后北去。

第二年，汉武帝以霍去病为骠骑将军，率领万骑，出陇西击匈奴，转战六天，过焉支山千余里，杀匈奴折兰王、卢侯王，抓到浑邪王的儿子及相国、都尉，斩首八千九百多人，夺得匈奴的祭天金人。

同年夏天，霍去病又与合骑侯公孙敖出北地，分道前进。已封为博望侯的张骞则与郎中令李广出右北平，李广所率的兵力不多，大约只有万骑，出塞后与匈奴左贤王所率的好几万骑兵相遇，双方激战两天，李广所部损失过半，左贤王的死伤更是惨重。这时张骞赶来，左贤王见汉军援兵到来，急忙率余众逃走。张骞则因救援不力而被贬为庶人。霍去病和公孙敖出北地后，分道进击匈奴，霍去病一军深入祁连山，捕杀匈奴甚多。

匈奴浑邪王、休屠王连连吃了败仗，深恐单于怪罪，两人商量后，认为与其被杀，不如率所部投降西汉，于是派使者至边境向西汉说明想要降汉。当时西汉大行李息正屯兵于黄河边，李息将浑邪王等人准备投降的消息向汉廷报告。汉武帝固然高兴，但又恐有诈，自古有谓受降如受敌，于是命霍去病率大军前往迎接浑邪王等人，说是迎接，其实含有震慑用意。霍去病于是率众渡河，那时浑邪王部属中有不愿投降的，想趁汉军不备时逃走，被霍去病发觉，立刻下令杀无赦，一时杀了八千多人，可依然有四万多人投降西汉，甚至号称十万，这是相当庞大的数量。

对匈奴而言，此次投降可以说是大伤元气。据估计，那时匈奴的总人口包含降于匈奴的各部落在内不过三百万上下，十万人当然占有相当高的比重。

不只人口损失，更重要的是，匈奴丢掉了农牧两宜的祁连山、焉支山一带，使匈奴在经济、军事上都受到了极大的影响。因为祁连山宜农宜牧，更出产一种木材，可以制作箭杆，一旦失去，在经济上、军事上都非常不利。

匈奴失去祁连山和焉支山后，极为伤痛，匈奴民族传唱着歌谣："亡我祁连山，使我六畜不蕃息；失我焉支山，使我妇女无颜色。"从歌谣中不难听出匈奴对失去这两座山的哀叹。

在这一次投降行动中，匈奴休屠王被杀，他的阏氏和儿子到了汉地，汉武帝让他的儿子在宫廷养马，因这一年得到匈奴的祭天金人，所以就赐休屠王的儿子姓金，取名为日磾。金日磾极受汉武帝重视，在汉武帝临终时还与霍光一起受命为辅佐新帝的顾命大臣。

霍去病墓

位于今陕西省兴平市

这次战役匈奴虽受重创，但是伊稺斜单于并没有气馁。汉武帝元狩三年（伊稺斜单于七年，前 120），匈奴又纵兵入右北平、定襄掠夺，杀掠汉地一千多人后北返。这次西汉并没有立即加以反击。

第二年，汉武帝判断赵信降匈奴后一定会为匈奴出谋划策，可能会鼓动匈奴把重心放在漠北，因为汉军如果深入漠北，必有补给上的困难，一旦深入就会发生人疲马乏和粮绝等问题，这时匈奴加以反击可取得事半功倍之效。或许是汉武帝对于战略的判断真有独到之处，也或许是《史记》《汉书》根据事后的结果加以追述，添加了汉武帝料事如神的记载。至于真相如何，现在已经无从追究了。

总之，汉武帝元狩四年（伊穉斜单于八年，前119），西汉以卫青为主帅，率领大军深入漠北攻击匈奴。既敢深入漠北，对于粮草自然已有万全准备，这一战卫青果然又获胜，从此漠南已不见匈奴的王庭。在这次战役中，骠骑将军霍去病深入大漠两千多里，击溃了匈奴的左贤王，杀匈奴七万多人，封狼居胥山（今内蒙古自治区锡林郭勒盟多伦县北德尔山）、禅姑衍，并且登临瀚海而还。所谓瀚海，是指横亘于今我国内蒙古自治区和蒙古国之间的大沙漠，也称戈壁。

短暂的和平

匈奴历经西汉的接连攻击，几乎每战皆输，实力大不如前，以致漠南已无王庭，想再“南下牧马”，已是力有未逮。至于西汉，除了自朔方以西到令居（今甘肃省永登县西北）开辟为农田外，更是设置官吏，派兵屯守，并将此地列入西汉版图。战争使西汉也损失很大，光是战马就死了十几万匹，而财物的损失更是难以计数。所谓“杀敌一万，自损三千”，从此西汉也无力北伐了。

匈奴经过这些战役，仔细思量后，可能觉得还是和亲比较好，于是又派遣使者到汉廷好言好语再提和亲。游牧民族就有这种能伸能屈的特性，力过于人时，一定穷追猛打，绝不手软；一旦力不如人，也能好言卑辞乞求和平。

汉武帝见匈奴使者来求和亲，仍照例交付廷议，朝臣有主张恢复和亲的，也有人认为要让匈奴表示臣服。长史（丞相属官）任敞建议说：“匈奴最近刚被我们打败，可以让匈奴做我们的外藩，到边区来朝见。”汉武帝采纳了这个建议，并且派任敞为使节，到匈奴去把这个决定告诉伊稚斜单于。

伊稚斜单于一听西汉要匈奴做藩属，勃然大怒，扣留任敞，其所议之事也不了了之。此后五年，汉匈之间并无大事。武帝元鼎三年（伊稚斜单于十三年，前 114），伊稚斜单于驾崩，由儿子乌维单于继任。

到了汉武帝元鼎五年（乌维单于三年，前 112）时，生活在今天青海、甘肃一带的西羌族，纠集了十万人叛离西汉，并派人到匈奴约定共同起事。乌维单于见西羌族叛变，认为可以趁火打劫，于是派兵攻入五原塞（今内蒙古自治区巴彦淖尔市乌拉特前旗），杀了五原塞太守，抢劫一番立刻退回。西汉派公孙贺率一万五千骑出五原塞两千多里，仍不见匈奴踪影，又派赵破奴出令居，也不见匈奴，可见这时匈奴已经不敢在汉南驻牧了。

同年，汉武帝为了扬威匈奴，率领十八万骑兵到汉匈边境，派郭吉为使前去告诉乌维单于说：“汉帝国已平定南越王，并把南越王的头悬挂在长安宫阙的北门，现在如果单于你敢前来与汉帝国一决高下，我们天子正陈兵边境等着你呢！如果你不敢一战，就该臣服于大汉，何苦跑到漠北这既冷又缺水的穷乡僻壤呢？”乌维单于一听大怒，立刻把郭吉扣留下来，并且流放到北海（今贝加尔湖），大概让郭吉也去牧羊了。

乌维单于虽然受到汉使郭吉的言辞羞辱，可是由于实力不足，也不敢应战，而且不敢寇边，只继续在漠北放牧，休养兵马，这期间还曾数度遣使汉廷，甘言好辞请求和亲。

到了汉武帝元封四年（乌维单于八年，前 107），西汉派北地人王乌等为使，到匈奴察看虚实。王乌了解匈奴的习俗，知道汉廷使节如果想见到单于，必须把象征西汉权力的木杖（就是所谓的节）放下，还要用墨把脸涂黑。于是他入境随俗，去节黥面，在乌维单于的穹庐觐见了单于。乌维单于见王乌如此入境随俗，当然非常高兴，便许下诺言，愿意派儿子到西汉做人质，希望西汉同意和亲。对照以往的和亲模式，可以说匈奴让了一大步。

于是，西汉又以杨信为使前往匈奴。那时的西汉在东北已经灭了貉貊、朝鲜，并且在当地设立了玄菟、乐浪二郡，在西边设置了酒泉郡，以隔开匈奴与西羌；在西域更与大夏、月氏结好，又以公主嫁乌孙昆莫，使匈奴在左、右两边都失去了助力。对西汉而言，可说是形势一片大好。

杨信在这种客观有利的情况下出使匈奴，再加上他个人性情刚烈而倔强，到了匈奴之后，自然不肯去节黥面，所以进不了单于的穹庐，单于只肯在帐幕外接见杨信。杨信说："要和亲可以，先送质子到长安。"乌维单于则说："以往和亲的成例并没有送质子这一项，反而是汉廷经常以公主嫁单于，并送来很多缯絮食物，当和亲完成后，匈奴便不骚扰汉的边境。现在汉廷违反自古已有的成例，要我送太子做人质，这是不可能的。"杨信只得无功而返。

匈奴相邦印

现藏于上海市博物馆的中国历代印章馆

西汉于是再派王乌为使，乌维单于见到王乌后说："我要亲自到长安与天子见面，相约为兄弟。"王乌把口信带回，汉廷信以为真，为了迎接乌维单于的到来，还在长安盖了富丽堂皇的行馆。可是乌维单于又放话说："没有汉廷贵人来，我是不会说真话的。"

不久，乌维单于派匈奴贵人到长安，不幸这个贵人生病了，汉廷请医生诊治，没想到药品无效，这个匈奴贵人竟在长安病逝了。为慎重起见，汉廷特别派了二千石俸禄（一级高官）的路充国佩二千石印绶为使，护送匈奴贵人的灵柩返回匈奴，并在匈奴给予厚葬。然而乌维单于却认为是汉廷杀了匈奴贵人，便把路充国扣留下来，之后又多次发兵侵犯西汉边境。西汉迫不得已，以郭昌为校胡将军，并派浞野侯赵破奴屯驻朔方，以防备匈奴。

乌维单于即位十年后驾崩，时为汉武帝元封六年（前105），匈奴单于之位由乌维单于之子乌师庐嗣立。因为乌师庐年纪小，所以称儿单于。儿单于力量不足，越发向北迁徙，而且才嗣立一年，就显现出他好杀的本性，使匈奴内部产生了不少不安的情绪。适逢天降大雪，冻死了许多牲畜，匈奴内部更是动荡不已。

这时，匈奴左大都尉私下派使者对汉廷说："我想暗杀单于，然后降汉，只是相距太远，请派兵来接应我。"这是汉武帝太初元年（儿单于二年，前104）的事。汉武帝于是派因杅将军公孙敖在塞外筑受降城（居延北，今内蒙古自治区巴彦淖尔市乌拉特中旗东）。可是匈奴左大都尉还是认为太远，所以没有前来投降。

第二年，匈奴左大都尉又与西汉谋议，约汉兵到武威（今甘肃省武威市）以北的浚稽山（约今蒙古土拉河与鄂尔浑河之间）相会。汉廷派浞野侯赵破奴率两万骑出朔方，奔向浚稽山。但是左大都尉即将起事时被儿单于发现结果被杀。之后，儿单于以八万骑围攻赵破奴，夜里赵破奴出外找水，却被匈奴捉去。匈奴趁汉军群龙无首之际，以优势兵力大胜汉军，士兵除了被杀死外，都被匈奴所俘。这次战役对沉寂多年的匈奴而言是一次大胜利，儿单于乘胜进攻受降城，后因猛攻不下才收兵北返。

到了武帝太初三年（儿单于四年，前102），儿单于又率兵攻受降城，还是攻不下来。没过多久，儿单于驾崩。

儿单于死后，由其叔父即乌维单于的弟弟右贤王呴犁湖继位为单于。西汉趁匈奴新单于初立，派光禄大夫徐自为率兵出五原塞好几百里，修筑长城、亭障，并以游击将军韩说、长平侯卫伉率军驻守，又派强弩都尉路博德在居延泽筑城堡，以震慑匈奴。同年秋天，匈奴又大举入定襄、云中，杀数千人，破坏徐自为所修筑的长城、亭障。又使右贤王入侵酒泉、张掖（今甘肃省张掖市），掠夺了几千人准备北返时，遇到西汉军正（职官名）任文率军来救，把这些被掠走的人又抢了回来。

这年冬天，呴犁湖单于忽然驾崩，在位仅一年。之后，由其弟左大都尉且鞮（音“低”）侯嗣立。

且鞮侯单于初立，或许是内部还不够稳定，又怕西汉来袭，为了向汉廷示好，就把儿单于时所抓到的汉军中不愿意投降匈奴的人放回西汉，路充国、赵破奴等人都因此回到中原。且鞮侯单于还说：“我是儿子辈，岂敢与汉天子作对。汉天子是我岳父啊！”且鞮侯单于以这种低姿态换取了西汉的好感。

西汉以苏武为使，将之前所留置的匈奴使者送了回去，并且送给且鞮侯单于许多礼物，希望双方能和睦相处。不料，且鞮侯单于可能在内部已经坐稳了单于的宝座，一见苏武送来那么多金银珠宝，判断是西汉惧怕匈奴的强大，所以在接见苏武时态度傲慢，出言不逊，举止无礼，使得苏武大失所望。

苏李泣别图

明朝陈洪绶绘于明崇祯八年（1635）。描绘的是西汉名将李陵被匈奴首领单于派往北海，劝降苏武，苏武不为所动，李陵只好与之泣别的故事。史载，汉武帝时，中郎将苏武奉命出使匈奴，被扣留后，匈奴单于数次诱降苏武不成，将其发配至北海牧羊

西汉自汉武帝元光二年马邑之围开始决心讨伐匈奴，到匈奴且鞮侯单于即位的太初四年（前 101），之间三十多年，与匈奴几乎时时都处于战争状态。三十年的战争，即便是胜方，相信也必然是民穷财尽，因此西汉在汉武帝后国力由盛而衰。地广人众、土地肥沃、农业发达的西汉尚且如此，在北亚草原立国的匈奴无论气候、物产都比中原恶劣、贫乏，怎么可能经得起三十年的征战？当匈奴百姓吃不饱、穿不暖的时候，自然会对领导者的能力产生怀疑，所以且鞮侯单于在位时，匈奴内部已经有了不满的声音，但是由于自冒顿单于之后的老上单于、军臣单于及伊稚斜单于为匈奴帝国打下了很好的基础，一方面从西汉得到许多物资，另一方面征服西域掌握了东西交通的要道，得到许多商业上的利益，所以内部纵有不满，也不会在国内构成太大威胁，因此匈奴对西汉说话时仍然充满了自信、自大的口气。

且鞮侯单于于汉武帝太始元年（前 96）去世，由长子继立，是为狐鹿姑单于（前 96—前 85 年在位）。狐鹿姑单于七年（汉武帝征和三年，前 90），狐鹿姑曾递给西汉一封“国书”，说：“南有大汉，北有强胡。胡者，天之骄子也。不为小礼以自烦，今欲与汉闿（同‘开’）大关，娶汉女为妻，岁给遗我药酒万石、稷米五千斛、杂缯万匹，它如故约，则边不相盗矣！”（出自《汉书》）

这封信饶有趣味，开头就表示汉与匈奴一南一北，各自命王称帝，而且匈奴自称为胡。再进一步解释所谓胡，就是天之骄子，“天骄”这个词就出自于此。除了自我标榜之外，匈奴又向西汉索要妻子、酒、粮食与纺织品。从这封信中，似乎可以看到匈奴社会对汉地物资的需求已经很殷切了。汉武帝并没有答应和亲与赠送物资的请求，匈奴社会更加贫困。

匈奴的内讧

起初狐鹿姑单于立他的儿子为左贤王，在匈奴传统上左贤王是单于的继承人，但是这个儿子年纪尚小，狐鹿姑这一举动在匈奴内部的贵族间引起了许多怨怼。狐鹿姑有个异母弟弟为左大都尉，为人既贤且有才能，备受匈奴人民爱戴。狐鹿姑的阏氏怕狐鹿姑传位于左大都尉，于是就派人暗杀了左大都尉。左大都尉被杀之后，他的同母兄长心中有恨，从此不到单于庭集会，就此埋下了匈奴内部贵族权力斗争的种子。这件事发生在汉武帝后元二年（狐鹿姑单于十年，前 87）左右。

到了汉昭帝始元二年（狐鹿姑单于十二年，前 85），狐鹿姑单于生病，自感来日不多，便在临终前对贵族说："我儿子左贤王年纪太小了，不能治理国家，立我的弟弟右谷蠡王为单于。"

不久，狐鹿姑单于驾崩，西汉降臣卫律与狐鹿姑的阏氏设谋，隐匿狐鹿姑单于的死讯，并假传狐鹿姑单于的遗命，说狐鹿姑单于早已与贵族立下盟约，要立阏氏的儿子左谷蠡王为单于，左谷蠡王即位后为壶衍鞮单于。

壶衍鞮单于即位之后，原来被狐鹿姑指定为继承人的右谷蠡王以及狐鹿姑的儿子左贤王当然满腹怨恨，一气之下就准备率领自己的部众南下投降西汉，但又怕无法南下，于是胁迫匈奴卢屠王，借口要向西投奔乌孙。卢屠王不愿降乌孙，就向壶衍鞮单于告密，壶衍鞮单于质问右谷蠡王，右谷蠡王当然不肯承认，反而诬告说要降乌孙的是卢屠王，这下真假莫辨，而且从此右谷蠡王、卢屠王都只肯在自己的牧地驻牧，再也不肯到王庭集会了。按照匈奴传统，各部族的领袖每年正月都要到单于王庭集会，五月再大会于龙城一次，集会时共同拜祭祖先、天地及鬼神。从上述事件来看，匈奴贵族之间已经开始有分裂的倾向了。

壶衍鞮单于既立，面对的是一个民生凋敝、贵族失和的国家，实在没有本钱再与南方的西汉对峙，于是又想与西汉和亲，希望借此缓和南北的紧张局势，同时获得物资解决内部的需求。可惜这次西汉并没有答应。

壶衍鞮单于的要求落空后，就在汉昭帝始元四年（前 83）发兵入侵代郡，杀了西汉都尉。这次西汉没有加以反击，可能是由于昭帝初立，既不想示好匈奴，也不想与匈奴对立，因而采取了消极的不作为态度。

这时，早先投降匈奴的卫律就为壶衍鞮单于出谋划策，建议单于筑一个城，开凿水井，储粮其中，让秦朝投降匈奴的秦人子孙来守卫这座城，这样即使汉军来袭，匈奴有粮有水，汉军又能奈我何？壶衍鞮单于接受了这个建议，于是命人在适当的地点开凿了几百口井，准备筑城。但是也有人反对，说匈奴是逐水草而居的游牧民族，不惯于守城，如果筑城储粮，汉军一旦夺下此城，无异于替汉军准备了后勤粮米。卫律想想也有道理，于是放弃了筑城。

紧接着，卫律又向壶衍鞮单于建议，为了向西汉示好，不如把以前扣留的西汉使节苏武、马宏等送回去，壶衍鞮单于采纳了这个建议，所以苏武牧羊的故事就这样流传下来。

五单于分立

匈奴在壶衍鞮单于初立时内部已经不太稳定了，只是百足之虫，死而不僵，在他即位后的第四年（汉昭帝元凤元年，前80），匈奴发左、右两部大约两万骑，分为四队，进犯西汉边境。汉军反击，结果匈奴大败，被汉军杀死九千多人，瓯脱王也被汉军抓走。匈奴见瓯脱王被抓，唯恐汉军以瓯脱王为向导，深入追击匈奴，于是立即把人民、牲畜向西北迁移，只是愈往西北愈贫瘠，匈奴的困境也就日甚一日了。

“瓯脱”因为是边界净空的地方，为了防止对方人马进驻，所以特设瓯脱王率领人马以为警戒。这个瓯脱王是有实力的王，与丁零王只是名义上的王有实质上的不同。

第二年，壶衍鞮单于为防止汉军来袭，特别派了九千骑兵屯驻于受降城，以防备汉军。

回望从冒顿单于、老上单于、军臣单于曾令西汉献粟和亲、纳贡称臣以来，不过半个多世纪，形势却已逆转。这时卫律已死，左谷蠡王主张延续与西汉和亲的政策，认为只有与西汉和亲，才能避免兵连祸结，并可得到物资，还可以进行边境贸易，以有易无，对匈奴社会的经济有极大的助益。可惜这个主张还没来得及向西汉提出，左谷蠡王就过世了，和亲之事自然停议，匈奴的困境也就日甚一日。之后几年，匈奴虽有小规模侵犯西汉边境的行动，但是都没有多大的斩获。

到了汉宣帝本始二年（壶衍鞮单于十四年，前72），西汉决定发动

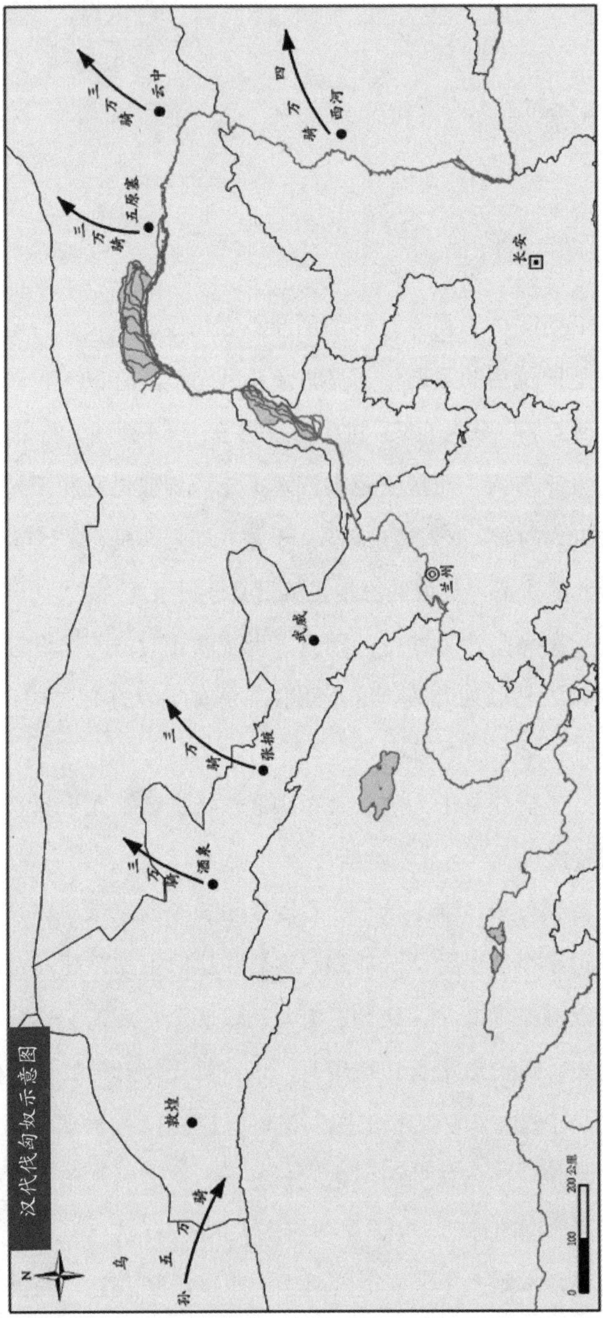
汉代伐匈奴示意图
N
乌孙
五万骑
敦煌
酒泉
三万骑
张掖
三万骑
武威
兰州
五原塞
三万骑
云中
三万骑
西河
四万骑
长安
0 100 200公里

大军讨伐匈奴，总共出动了十六万骑兵，分五路进击匈奴。这五路大军的统帅与兵力部署如下：御史大夫田广明为祁边将军，将四万骑，出西河；后将军赵充国为蒲类将军，将三万骑，出酒泉；度辽将军范明友将三万骑，出张掖；前将军韩增将三万骑，出云中；云中太守田顺为虎牙将军，将三万骑，出五原塞。

此外，又以常惠为校尉，游说乌孙。于是乌孙出兵五万余骑，由常惠率领，自西向东共击匈奴。

这次战役可以说是自汉武帝伐匈奴以来，规模最大的一次汉匈之战。

汉军此次讨伐匈奴，仍然打了胜仗，而且几乎每路都有斩获，其中尤其以常惠所率的乌孙军攻进匈奴右谷蠡王庭，俘获壶衍鞮单于的父执辈、嫂子、名王、犁汙都尉、千长及将以下三万九千多人，并获得马、牛、羊、驴、骆驼等七十多万头，可以算是一次大捷。

匈奴经过这次打击后更加衰弱，人民或死伤或被俘，加上牲口的损失，都使得匈奴内部更加不稳。就这样，壶衍鞮单于统治下的匈奴又苟延残喘地度过了三年。

汉宣帝地节二年（壶衍鞮单于十八年，前68），壶衍鞮单于驾崩，由异母弟弟左贤王继位，是为虚闾权渠单于。虚闾权渠单于既立，依照匈奴烝报婚的习俗，再娶壶衍鞮单于所宠爱的颛渠阏氏，但两人之间并没有感情。颛渠阏氏的父亲左大且渠眼看女儿不但不像以前那样受宠，反而备受冷落，心里自然有一股怨气，于是设法破坏虚闾权渠单于与西汉和亲的计划。不但如此，左大且渠还建议匈奴在派遣使者到西汉时，以军队尾随其后，意欲偷袭西汉，结果因为走漏消息被西汉所察而形迹败露，匈奴也就不敢南下了。这一年恰逢干旱，造成饥荒，人口、牲畜又死了许多，匈奴的国力更加衰弱。

到了汉宣帝神爵二年（虚闾权渠单于九年，前60），虚闾权渠单于驾崩。

颛渠阏氏与右贤王屠耆堂私通，大乱匈奴朝政，让屠耆堂当上了单于，是为握衍朐鞮单于。由于众人不服，从此匈奴大乱，冒顿单于的许多后代纷纷拥众自立为单于。一时之间，匈奴有了五个单于。

第八章

匈奴的分裂

呼韩邪单于附汉

匈奴五单于分立后，内部大乱。其中冒顿单于嫡系中的稽侯珊也被立为单于，称为呼韩邪单于，诸单于分立时他的力量并不是很大。在几个单于的争斗过程中，呼韩邪单于经常处于下风。

呼韩邪单于有个哥哥流落民间，名叫呼屠吾斯，呼韩邪起兵时把这个哥哥找了回来，封他为左谷蠡王。这个呼屠吾斯手上握有兵权，实力坐大后，他不但不感恩图报，反而拥兵造反，占据了东方广大地区，自称郅支骨都侯单于，与呼韩邪单于互争雄长。

与此同时，在西方的闰振单于引兵向东，与郅支骨都侯单于交战。郅支骨都侯单于兵多将广，自己也是骁勇善战，很快就消灭了闰振单于的势力，并且收编了他的兵马，力量一下子增强了不少，于是挥兵向西，攻击一手提拔自己的弟弟呼韩邪单于。呼韩邪单于在没有防备的情况下大败，连单于庭都守不住，只能带着一部分大臣和人民落荒而逃。

这时的呼韩邪单于孤苦无依，北有实力强大的郅支骨都侯单于，南方则是近一百年来的世仇西汉，前途茫茫，不知何去何从。他的亲信左伊秩訾王深知郅支骨都侯单于生性凶残，向北只有死路一条，而南方的西汉虽是世仇，但这往往是匈奴为了掠夺物资而挑起的。左伊秩訾王似乎对中原国家的传统思维有相当了解，知道中原国家只要四周民族表面上服从中原皇帝的领导，奉行中原的正朔，每年进贡些许土产，就会心满意足，不但不会强行在周遭民族地区实行郡县制，进行实质上的统治，而且还会给予大量的赏赐，这些赏赐往往高过所进贡物品价值的数百倍，甚至于千万倍。换言之，四周民族只要对中原皇帝俯首称臣，就可以获得无数的物资。

左伊秩訾王基于这个认知，就向呼韩邪单于建议，在目前这种走投无路的情况下，不如南下向汉称臣，以便得到汉的保护，而且还可以得到物资，以缓解眼下的困境，先渡过目前的难关，等待休养生息后，再向郅支骨都侯单于夺回失去的草场和人民。在当时的情况下，左伊秩訾王的这个建议的确是相当理性的。

呼韩邪单于听完左伊秩訾王的建议后，虽然心里也认为相当不错，可是不敢独断专行，于是就召集各部共同研商。

自古以来，北方草原的游牧民族就有一个习惯，尽管贵为单于，在遇到重大事情时，还是要召集各部落大人共同商量，以便求得一致的行动。当然力量强大的单于，其意见往往会受到各部落大人的尊重。这种习惯一直在北方各游牧民族间流传，像后来的鲜卑、柔然、突厥，乃至蒙古都是如此，在蒙古成吉思汗统治时期，这种各部落大人的集会叫作“库利尔台”。即使是在 21 世纪的今天，蒙古国的国会仍然叫作大小呼拉尔（“库利尔台”的蒙古语音译）。

呼韩邪单于召集各部大人商讨左伊秩訾王的附汉建议，有许多匈奴贵族表示反对，他们认为：“我们自古以来就是‘马上战斗为国’，男儿以战死沙场为勇，何况目前只是兄弟阋墙，无论谁胜谁败，国家还是在我们自己人手里。如果向汉俯首称臣，我们将失去自己的国家，这将是百年来的奇耻大辱。”这一番说辞以匈奴民族的尊严、匈奴国家命脉的延续与否做诉求，也算是义正词严，有相当的说服力。

可是左伊秩訾王另有看法，他认为：“早期我们匈奴固然称强于大漠南北，更令汉人畏惧害怕。可是自汉武帝之后，威服西域，令乌孙等西域强国都对汉俯首称臣，如妻妾般侍奉汉。我们匈奴自且鞮侯单于以来，国势日蹙，失地日广，人民生计日益艰困，而且还时时担心敌人来袭。在目前形势下，唯有附汉才能继续生存，否则只有死路一条。”这一番论点从现实切入，也有相当的说服力。

这两种意见就像两组实力相当的人马在拔河，旗鼓相当，难分胜负。最后，呼韩邪单于采纳了左伊秩訾王附汉的建议。这时是呼韩邪单于六年（汉宣帝甘露元年，前53）。

既然大原则已定，呼韩邪单于于是就率领部众向南迁徙，并且派儿子右贤王铢娄渠堂入侍西汉，表示愿意归附西汉。这个消息传到漠北后，郅支骨都侯单于见呼韩邪向西汉示好，也立刻派儿子右大将驹于利受入侍于西汉。

想想几十年前匈奴铁骑曾令西汉头痛不已，不但要以宗室女冒充公主与匈奴和亲，还要年年送布帛、米、酒以换取匈奴不“南下牧马”的承诺，而今两个匈奴单于居然竞相派遣儿子入侍于汉，变化之大，可以看出匈奴的声势已经今非昔比了。

第二年，呼韩邪单于到达五原塞，派使者到西汉表示愿献匈奴国宝，并且亲自到长安朝贺来年元旦，这就等于是要“奉正朔”。对西汉而言，这是头等大事，而且是历史上前所未有的，接待时既要彰显大汉的威仪，又要维护呼韩邪单于的尊严，这之间的分寸如何拿捏，煞费周章，于是汉宣帝就召集大臣讨论。

丞相和御史都说：“依照中国的传统，京师最为尊贵，而后是诸夏，诸夏之后才是夷狄，所以呼韩邪来朝，他的位阶应该相当于诸侯王，而且座位应在诸侯王之下。”

但是太子太傅萧望之则认为：“匈奴单于本来就不是华夏文化所孕育出来的国家，向来不尊奉正朔，与我们是对立的国家，所以不能用对待臣子的礼节约束他，因此他来时，座位应该排在诸侯之上。四周夷狄之国既然肯俯首称藩于中国，我们中国也就要礼遇他们，不该把他们视为臣子，这是羁縻四夷的合理做法，这样四夷受到尊重，就能与中国共享太平。《书经》上说‘戎狄荒服’，是指夷狄反复无常，如果以后匈奴子孙不长进，以致不能和我们共享安居乐业的话，也不至于成为叛乱的力量，这才是为后代子孙谋划的良策啊！”

萧望之的这一番话真是高瞻远瞩的金玉良言，汉宣帝最后采纳了他的建议，并颁下诏书说：“匈奴单于称北藩，朝正朔，朕之不逮，德不能弘覆，其以客礼待之，令单于位在诸侯王上，赞谒称臣而不名。”汉宣帝不失为一代明君，能不为一时的虚荣蒙蔽，以客礼对待呼韩邪单于，换得了呼韩邪的心悦诚服，也算是相当难得了。

呼韩邪单于既然决定要在元旦朝贺西汉，汉宣帝就派车骑都尉韩昌，陪同七郡二千骑，列于阵道上，以迎接呼韩邪单于。汉宣帝本人则在甘泉宫接见了呼韩邪单于，并赐呼韩邪冠带、衣裳、黄金玺、玉具剑、佩刀、弓一张、矢四发、棨戟十、安车一乘、鞍勒一具、马十五匹、黄金二十斤、钱二十万、衣被七十七袭、锦绣绮縠杂帛八千匹、絮六千斤。行礼毕，使者引导呼韩邪单于先到距长安二十多公里的长平宫歇息，汉宣帝则宿于其北的池阳宫。

第二天，汉宣帝登上长平宫北的长平阪，与呼韩邪单于走过咸阳桥，这时各少数民族的君长、王、侯几千甚至上万人都很整齐地列队于咸阳桥，高呼万岁。这一幕历史镜头在汉匈关系史上弥足珍贵。

呼韩邪单于在长安住了一个月，这期间，汉宣帝曾在建章宫设宴款待。到了汉宣帝甘露三年（前 51）二月，呼韩邪单于才回到自己的国家。呼韩邪单于请求让他和人民驻牧在漠南光禄塞下，并说一旦有警可以为西汉保卫受降城。汉宣帝就命长乐卫尉、高昌侯董忠，车骑都尉韩昌率

司马光的看法

对于汉宣帝处理呼韩邪单于入汉的做法，北宋史家司马光在他所著的《资治通鉴》中，认为汉宣帝这种做法为“非礼”：

荀悦论曰：《春秋》之义，王者无外，欲一于天下也。戎狄道里辽远，人迹介绝，故正朔不及，礼教不加，非尊之也，其势然也。《诗》云：“自彼氐、羌，莫敢不来王。”故要、荒之君必奉王贡，若不供职，则有辞让号令加焉，非敌国之谓也。望之欲待以不臣之礼，加之王公之上，僭度失序，以乱天常，非礼也！（《资治通鉴·卷二七·汉纪十九》）

北宋时，北方强邻如契丹的辽、党项羌的夏，以及后来女真的金，都带给北宋莫大威胁，北宋只得不停地用岁贡来换取和平。但不管情势如何严峻，北宋就是不愿以公主下嫁的“和亲”方式和外族来往，由此可看出北宋朝政和士大夫的气节观念。

身处在这种时代气氛下，司马光自然认为四周夷狄之国必须服从中国，如果不服从，则有必要加以责骂惩罚（“则有辞让号令加焉”），且中国有“教化”外族的权利，因此，他才会认为汉宣帝的举动是不合礼节的。

一万六千骑，又征发边郡士兵、马匹数以千计，护送呼韩邪单于一行出朔方郡鸡鹿塞（今内蒙古自治区磴口县西北），并命董忠率军留下屯驻，以保卫呼韩邪单于和他的人民，同时又运来米粮三万四千斛（汉制一斛为十斗，一斗有十升，一升有十合，每合约为二十毫升），于是呼韩邪及其所部就在漠南的鸡鹿塞外驻牧。

呼韩邪这一支匈奴在历史上就被称为“南匈奴”，而郅支骨都侯单于所统率的在漠北驻牧的一支就叫作北匈奴。这是匈奴的第一次分裂。

郅支骨都侯单于

汉宣帝甘露四年（呼韩邪单于九年，前50），南匈奴呼韩邪单于与北匈奴郅支骨都侯单于都派使节朝觐西汉，并且各有贡献，只是西汉认为，上一年呼韩邪单于曾亲自到长安朝拜汉宣帝，所以对南匈奴呼韩邪使者的赏赐比对北匈奴郅支骨都侯的使者要更厚重些。

汉宣帝黄龙元年（呼韩邪单于十年，前49），呼韩邪单于又亲自到长安庆贺元旦，汉宣帝除依照前年标准赏赐礼物外，又增加了衣服一百一十套、锦帛九千匹、絮八千斤。之后，呼韩邪在长安停留了一个月才返回漠南驻牧地。

郅支骨都侯单于眼看呼韩邪单于一再朝汉，似乎力量单薄，希望得到西汉的保护，应该无力重返漠北，所以就大胆把兵力调往西域发展，因为西域各绿洲国家都相当富裕，只要征服西域，就可以获得相当多的物资。

起初，握衍朐鞮单于的弟弟臣属于呼韩邪单于，当呼韩邪兵败时，他逃往西域（当时称为匈奴右地），聚集了两个兄长的余众，拥兵数千人，就在西域自立为伊利目单于。这时遇到郅支骨都侯单于向西发展，两边人马一经接触，伊利目单于就被郅支骨都侯单于杀了，所有部众都被郅支骨都侯所吞并，这样一来郅支骨都侯单于有了五万多部众。后来，郅支骨都侯单于听说西汉派兵护卫呼韩邪单于和南匈奴部众，又以大量粮食援助南匈奴，自己在短时间内似乎奈何不了呼韩邪，所以干脆就在匈奴右地屯驻了下来。

郅支骨都侯单于认为，既然一时无力恢复匈奴故地，不如再向西域发展，于是派遣使者到驻牧于今天新疆北境伊犁河一带的乌孙，希望能与乌孙合作，征服广大的西域，也就是今天的中亚。其实郅支骨都侯单于对当时的国际形势了解不深，乌孙早在汉武帝为断匈奴右臂而先后将细君、解忧两位公主嫁给乌孙昆莫时，就倒向西汉这边了，因此郅支骨都侯单于派到乌孙的使者不但没能完成任务，而且还被当时的乌孙昆莫乌就屠给杀了。

乌就屠杀了郅支骨都侯的使者后，知道郅支骨都侯单于不会善罢甘休，所以立刻备兵八千，以防郅支骨都侯单于偷袭。没想到郅支骨都侯单于在乌孙有所防备的情况下，仍然击破乌孙，并乘胜北击乌揭、坚昆、丁零，灭了这三个游牧部落，一时之间，又壮大了力量。但是郅支骨都侯单于还是惧怕南匈奴和西汉，所以不敢回漠北的单于庭，就在坚昆这个地方建立起自己的单于庭。

郅支骨都侯单于向西北迁徙，可以视为后来第二波北匈奴迁徙的先驱，这在历史上具有相当的意义。郅支骨都侯单于认为，向西北迁徙，离原来的单于庭有七千里之远，离西汉也就更远了，不过北匈奴偶尔还是与西汉有使者的来往。

汉元帝初元元年（呼韩邪单于十一年，前 48），漠南发生饥荒，呼韩邪单于向西汉求援，西汉送了两万斛粮食援助南匈奴，这个消息传到北匈奴后，郅支骨都侯单于心生不满。

初元五年（呼韩邪单于十五年，前44）时，西汉派使者江乃始等人出使北匈奴，郅支骨都侯单于居然对汉使加以辱骂，并且要西汉送回之前派到西汉入侍的质子驹于利受。

见郅支骨都侯单于如此要求，汉元帝于是决定派谷吉为使者，送驹于利受西返。御史大夫贡禹、博士东海匡衡认为，郅支骨都侯单于接受汉化程度不深，驻牧地又那么远，只要派使者将质子送到边境上就可以了，不必送到郅支骨都侯的驻牧之处。

可是使者谷吉却认为："中国对夷狄总是设法羁縻以维持彼此关系，现在既然养了这个质子十年，可说是情浓恩重。如果因为郅支骨都侯单于住得远而只送到边塞，为德不卒，这会使郅支骨都侯单于无法感受西汉的德惠，不但不感激西汉养育质子十年的恩情，更会结下新怨。只送到边境，实是不可行的决策。之前派江乃始为使，可能是他应对无方，所以才会被郅支骨都侯单于所羞辱。这次派我为使，一定会让郅支骨都侯单于怀德畏威，不敢狡猾。如果郅支骨都侯单于胆敢存有二心，对我有所不利，那他必然会认为犯了大罪，绝对不敢靠近边境。只是死了一个使者，而能让百姓安居，这是有利于国家的事，我愿意前往。请让我送驹于利受到郅支骨都侯单于那儿去吧！"汉元帝见谷吉说得颇有道理，就答应了谷吉的意见。

想不到，谷吉一行到达北匈奴单于庭后，郅支骨都侯单于居然杀了谷吉。而且也确如谷吉所料，郅支骨都侯单于在杀了谷吉之后，怕西汉报复，又觉得南匈奴在西汉的援助下日渐强大，深恐呼韩邪单于总有一天会领兵来袭，于是准备向更西方迁徙。

说来也巧，这时中亚的康居国常被乌孙所侵扰，康居王就召集所属五个翕侯共商对策，结果认为："匈奴是大国，乌孙向来因惧怕而服从于匈奴，现在匈奴郅支骨都侯单于流落在外，可以迎接他到我们东边来，与他合作击灭乌孙，这样我们就再也不会有困扰了。”于是，康居国就派使者到坚昆，对郅支骨都侯单于表明想迎北匈奴西来共击乌孙之事。

郅支骨都侯单于闻言正中下怀，所以两边一拍即合，立刻召集兵马、人民向西移动。可是恰逢寒冬，匈奴人民在西迁过程中冻死了不少，据《资治通鉴》记载，到康居时只剩下三千多人，不过这个数字不太可靠，也有可能是三万多人。到了康居之后，康居王为了笼络北匈奴，就把女儿嫁给了郅支骨都侯单于，郅支骨都侯也投桃报李，把女儿嫁给了康居王，彼此互为翁婿，意在亲上加亲，巩固双方的合作关系。

郅支骨都侯单于到达康居后，康居王对他相当尊敬，并想凭借北匈奴的威望，胁迫中亚各绿洲国家服从康居，而且还多次借郅支骨都侯单于的兵力攻打乌孙，深入乌孙国都赤谷（今吉尔吉斯斯坦伊塞克湖附近），杀了许多乌孙人民，顺带也掠夺了不少的财物、牲口。乌孙慑于北匈奴的威望，不敢追击，连乌孙的西境五千里内都不敢让乌孙人民放牧，以免被北匈奴、康居杀掠。两国间的这片空地，就是前面所说的“瓯脱”。从康居王借兵攻打乌孙这件事情，可以证明郅支骨都侯单于到康居时绝对不止三千人。

郅支骨都侯单于的一再向西北迁徙，在历史上具有两方面的意义。

其一，按匈奴民族的传统，男儿要战死沙场才称得上勇敢，老病而死的不配称为勇士，如果投降，更会被视为懦夫。郅支骨都侯单于虽然实力比不上受西汉支援的呼韩邪单于，当然更无法与地大物博的西汉相比，但是他不气馁、不投降，坚持匈奴民族的传统价值，这在民族史上具有一定的意义。

其二，广义的西域也就是今天的中亚五国，或者还包括阿富汗、伊朗，在北匈奴进入前全是高加索人种，也就是白种人的聚居地区，蒙古人种也就是黄种人从未分布其间。郅支骨都侯单于带着匈奴人入居康居，首开黄种人定居于中亚的历史，这在世界人种史上更是别开生面。

西汉灭北匈奴

汉学家夏特（Friedrich Hirth，1845—1927）曾在他所撰的《窝瓦河的匈人与匈奴》（*über Wolga-Hunnen und Hiung-nu*）一书中指出："郅支单于、北单于以及阿提拉，都能算实践'以马上战斗为国，故有威名于百蛮，战死，壮士所有也……虽死犹有令名'之言论，他们之西迁，第一次是强者西走（指郅支骨都侯单于），弱者降汉（指呼韩邪单于）。第二次是强者西走，弱者留建悦般国。他们最后侵入西欧，也一定是由一队精悍善战之匈奴人做领导，驱逐其他民族，集合成一种坚固之战斗团体。……"

此外，美国史家麦高文（W. M. McGovern）在其所撰的《中亚古国史》（*The Early Empires of Central Asia*）一书中指称："这一发展（指郅支骨都侯单于西迁康居），对于世界历史具有极大的意义。在这之前，土耳其（指广义的西域，也就是今天的中亚）几乎全属伊兰族人（高加索人种的一支）的势力范围，而土兰尼安族人（蒙古人种的一支）的势力局限于蒙古利亚（中国西北）和满洲利亚（中国东北）。自郅支骨都侯单于建立新国家于土耳其境内，不啻使土兰尼安人在土耳其获得一确定之根据地，后来伊兰族人被逐出土耳其，而由土兰尼安族之突厥人取而代之。此一运动，实开始于此时。而且此时土兰尼安人已渐进而接近后世所称为俄罗斯之边境，质言之，亦即为土兰尼安族亚洲人之侵欧洲，开其先路。”

由此可见，郅支骨都侯单于的西徙，从中国史的角度来看，只是南北匈奴之间的兄弟阋墙，纵然扩大些看，也只是匈汉之间的争执；但是从民族史、人种史上来看，却具有重要的历史意义。

北匈奴在康居停留数年后，屡次击破乌孙，威名大震西域，就自以为已经是大国，渐渐不把康居王放在眼里，甚至杀了嫁给他的康居公主、好几个康居贵族乃至好几百个康居人民，还驱使康居人民为他修筑郅支城。此外，派遣使者到奄蔡（地处咸海西北、里海北部）、大宛等绿洲国家，要他们称臣纳贡。郅支骨都侯单于到康居原是应康居王之邀合击乌孙，有做客或者佣兵性质，没想到一旦坐大，就反客为主。这时是郅支骨都侯单于二十一年（汉元帝建昭三年，前 36）。

当郅支骨都侯单于西徙康居后，西汉曾三度遣使郅支骨都侯单于，要求送回谷吉尸骨，但郅支骨都侯单于自恃康居距离西汉遥远，觉得西汉也奈何不了他，因而置之不理。不但如此，更多次扣留汉使，故意回复西汉说：“远居西方困苦无比，愿意归顺汉，也愿派遣儿子入侍汉。”这摆明是要令西汉难堪。但是从另一个角度看，也说明了郅支骨都侯单于的黠慧狡猾，而这时西汉也确实无力攘外了。

当是时，西汉西域副校尉陈汤、西域都护骑都尉甘延寿都觉得郅支骨都侯单于的行为太过分了，于是两人商量要发兵攻打北匈奴。陈汤认为：“西域那些夷狄民族的天性是顺从强族，西域本来就服属匈奴，现在郅支骨都侯单于威名远播，经常侵凌乌孙、大宛，并时常为康居出谋划策，想要并吞康居。如果让郅支骨都侯单于降伏、吞并了康居、乌孙这两个国家，那么整个西域绿洲国家都将岌岌可危了，何况郅支骨都侯单于其人剽悍且善战，最近又打了几场胜仗，再这样下去，北匈奴势必成为西域的大患。不过，虽然所处位置偏远，但是北匈奴没有坚固的城池、强大的弓弩为凭借，如果我们发动屯田的士兵，再加上乌孙的兵马，直接攻向郅支骨都侯单于的城下，他将无所遁逃，如想负隅顽抗，又无险可守。这正是我们建立千世功业的良机！”

甘延寿完全同意这个说法，并且认为事不宜迟，应该立刻奏请朝廷，依计进行。但是陈汤为人沉稳，而且考虑得也比较周详，认为如果奏报朝廷，经过公卿讨论，必然会认为太冒险而不可行。甘延寿则认为，不报请朝廷核准而贸然行事，大大不可。在他们犹豫讨论时，恰好甘延寿大病一场，陈汤就趁机矫发号令，征召西域各国发兵，动员在车师（今我国新疆维吾尔自治区内）屯田的士卒。甘延寿听到消息后，从病床上一惊而起，想要阻止陈汤矫诏行事。但是陈汤已经是箭在弦上不得不发了，于是陈汤拔出剑怒指甘延寿说：“大军已经准备出发了，你要是敢阻止，就先杀了你祭旗。”甘延寿无奈之下只得屈服。陈汤召集胡汉兵马共有四万多人，一方面向西行军，一方面备妥文书向朝廷自劾先斩后奏的罪行。

陈汤把四万多名兵士分为六队，其中三队交甘延寿率领，预计从温宿（今新疆维吾尔自治区阿克苏地区温宿县）出发，经北道入赤谷，过乌孙，进入康居。另三队由陈汤统领，从南道越过葱岭，经大宛，进击郅支骨都侯单于。

甘延寿在靠近赤谷时，正遇上康居副王抱阗领了几千名骑兵到赤谷掠夺，杀乌孙部族一千多人，抢掠许多牲畜，又紧跟在汉军后面夺走汉军辎重。之后，抱阗和陈汤两军交阵，结果抱阗大败，四百六十多名部众被杀，陈汤得到被抱阗掠去的乌孙部众。陈汤把这些俘虏归还给乌孙，而夺来的牛、马、羊正好作为军队的食物，此外还抓到了抱阗所属的贵人伊奴毒。

西汉军队接着进入康居境内，陈汤命部队遵守纪律，不得扰民，又密招康居贵族屠墨前来相见，告诉他大汉天威，志在消灭北匈奴，命康居不可反抗，更与屠墨盟誓，然后让屠墨返回康居。

西汉大军继续西进，到离郅支骨都侯单于庭六十里外才停下扎营，这时又抓到康居贵族具色，以及屠墨的同母弟之子开牟。不论屠墨、具色还是开牟，对郅支骨都侯单于的专横跋扈都早已心存不满，所以开牟愿意做陈汤的向导，并且把郅支骨都侯单于的实力都透露给陈汤，于是陈汤又向前行进了三十里。

这时郅支骨都侯单于已得知汉军几乎就要兵临城下了，于是遣使问汉军为何发兵前来。汉军妙答："你之前不是说久困西方绝域，想要归附大汉天子吗？天子怜悯你身处绝域，所以派都护将军前来迎接，又怕惊扰了你，所以没有直接兵临城下。"

双方使者数度往返传话，甘延寿、陈汤有些不耐烦了，就责备郅支骨都侯单于："我们因为单于一心想归汉，所以不辞万里远道而来，但到目前还未见到您前来见我们都护将军。单于何以如此大意，有失待客之道。我们率军远道而来，人马都已经疲惫不堪了，而且粮草也快没了，难以安全返回。请单于和大臣快想想办法。"这套说辞蕴含极深的陷阱，可见陈汤老谋深算，让郅支骨都侯单于无法猜透汉军的虚实。

第二天，汉军又前进到位于今中亚哈萨克斯坦境内的郅支城，一直逼近到离城三里才扎营布阵。汉军望见郅支城上的五彩旗帜，有几百名穿着铠甲的士兵守城，百余名士兵在城下来回巡逻，还有百余名步兵夹着城门布下进攻的鱼鳞阵，城上的北匈奴士兵更是挑衅地说："来打吧！"另有百余名骑兵冲向汉营。汉军士兵人人拉满了弓，一待敌人接近，随即射箭，匈奴骑兵一看讨不到便宜，便退回了城中。

甘延寿、陈汤顺势下令击鼓，士兵攻向城下，把整座城团团围住，拿盾牌的在前，持弓箭的在后，向上射杀城上的敌人。这时城上匈奴士

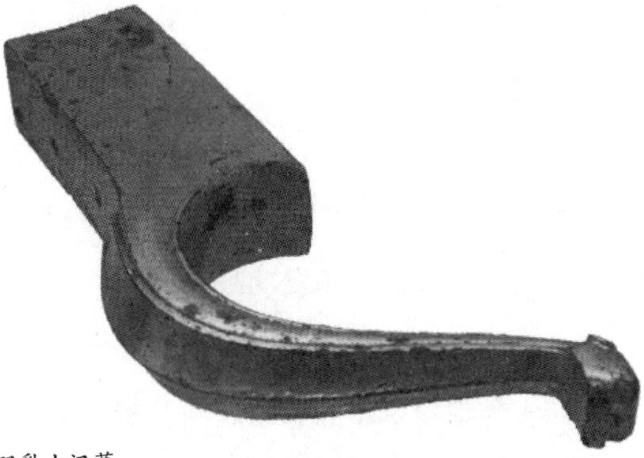

西汉的鎏金青铜承弓器

出土于山东省济南市长清双乳山汉墓

兵见汉军向上射箭，就来到城下。在土城外另有一层木城，匈奴士兵就从木城中射杀汉军，有些汉军被射中受伤了。于是汉军改变战术，找来许多木柴堆在木城外，放火烧了木城。到夜晚，火光冲天，城中几百名北匈奴骑兵向外冲，汉军以逸待劳，弯弓射杀这些向外冲的北匈奴骑兵，北匈奴士兵只好守在城内。这一次攻击汉军占了上风。

郅支骨都侯单于一开始听说汉军前来时原想弃城逃走，可是又怕康居人怀怨做了汉军的内应，再加上听说乌孙等国都派兵加入了汉军，眼见已经无处可逃，郅支骨都侯单于决定坚守郅支城。他判断汉军远道而来，不可能有很多粮草，也就不可能打持久战，只要能坚守一段时间，汉军必然会自行撤走，所以他亲自披挂上阵，登城楼督战，并且命令几个阏氏、大人都拿上弓箭加入战斗行列。这时，汉军一箭射中郅支骨都侯单于的鼻梁，同时还有好几个阏氏中箭受伤，单于只得下了城楼。此时燃起大火的木城已经被攻破，北匈奴士兵退回土城，高声呼叫，又有康居士兵一万多人前来救援北匈奴。一时间，木城火光冲天，照亮了夜空，而士兵的呼喊直冲云霄，更显杀气腾腾。康居士兵曾经好几次想进攻汉营，结果都失败了，只好撤退。

到了次日清晨，大火仍在燃烧。汉军击钲敲鼓，并且大声吼叫，康居士兵早就撤走了，汉兵于是攻进土城，郅支骨都侯单于领了男女百余人躲到单于内室，汉军纵火想把他逼出来。不久，汉军侯假丞杜勋砍下了郅支骨都侯单于的头，又放出之前西汉所派来的使节两名，找到谷吉带来的帛书，并夺得许多财物，都奖赏给有功的士兵。

这次甘延寿、陈汤发动战役，共计斩杀北匈奴阏氏、太子、名王及以下一千五百一十八人，生擒一百四十五人，自动投降的一千多人。最后把郅支骨都侯单于的首级送回长安。坚持匈奴民族自尊的郅支骨都侯单于共在位二十一年，他的崩殂象征着这一支北匈奴的消失。

昭君出塞

再回头来看南匈奴的呼韩邪单于。南匈奴原来附汉并且驻守漠南，虽然郅支骨都侯单于之后西徙，但还是给西汉造成不少压力，所以西汉扶植、支援呼韩邪单于，确实含有“以夷制夷”的用意。现在北匈奴的势力已经彻底消失了，呼韩邪单于深恐自己的价值也随之不复存在，而自己的实力始终无法壮大，既然无法与西汉分庭抗礼，就只好更进一步结好西汉。汉元帝建昭五年（呼韩邪单于二十五年，前 34），呼韩邪单于上书西汉，表示想入朝觐见皇帝。

汉元帝以呼韩邪愿为西汉保卫边塞，使边境安宁，所以次年改元竟宁。竟宁元年（呼韩邪单于二十六年，前 33），呼韩邪单于又来朝汉，并且表示愿娶汉女，成为汉家女婿，永为西汉守护边疆。汉元帝允许了，以宫女王嫱为昭君公主，嫁呼韩邪单于，史称明妃。于是有名的昭君和番、昭君出塞等故事就在中国历史上流传了两千多年。

王嫱，一说字昭君，一说是在出嫁呼韩邪单于时才被汉元帝赐以昭君公主的封号。关于她的传说非常多，最普遍的说法是：她是今湖北省宜昌市秭归人，因为不肯贿赂宫廷画师毛延寿，所以在入宫时被画得很丑，不被元帝所喜欢，入宫多年，始终没有被皇帝选中。这一点《后汉书》是这样记载的："入宫数岁，不得见御，积悲怨。"

这时呼韩邪单于前来请婚，王昭君左思右想，与其终老深宫，不如嫁给南匈奴单于，也算是个阏氏，这正应了中国传统思维"宁为鸡首，莫为牛后"的想法，所以自告奋勇地提出愿意嫁给呼韩邪单于。据史传所载，她是"请掖庭令求行"，可见她是出于自愿的。传说王昭君辞别汉元帝时，汉元帝这才亲眼见到王昭君的美貌，一时心中不免后悔，但君无戏言，只好忍痛让王昭君出塞，于是许多传奇的故事就这样衍生开来。

另外，只要提到昭君出塞，似乎昭君必得抱一把琵琶，边弹拨琵琶边细诉自己的不幸，最后汉元帝虽然看到她天生丽质、光艳照人，可惜已无法挽回。琵琶因此成为王昭君离不开的配备。

唐朝诗圣杜甫也是这么认为，他在《咏怀古迹》一诗中就提到了王昭君和她的琵琶：

群山万壑赴荆门，生长明妃尚有村。
一去紫台连朔漠，独留青冢向黄昏。
画图省识春风面，环佩空归月夜魂。
千载琵琶作胡语，分明怨恨曲中论。

就杜甫这首诗来看，王昭君似乎一定会弹琵琶。但是事实又似乎并非如此。首先要了解什么是琵琶。一般文献所说的琵琶大致是指半梨形的音箱，以薄桐木板蒙面，琴颈略向后弯曲，一般是四根弦。演奏的方式最初是横抱，后来改为竖抱，无论横抱或竖抱，总是抱在胸前，弹奏时也由使用拨子改为直接用手指弹拨。

这种形状的琵琶东汉刘熙在《释名·释乐器》中明确指出："批把本出于胡中，马上所鼓也。推手前曰批，引手却曰把，象其鼓时，因以为名也。"

这里的批把或作枇杷，都是琵琶，显然是胡族语言的音译。刘熙对琵琶的解释为"推手前曰批，引手却曰把"，但在汉语中，无论"批"或"把"都没有"推"或"引"的含义，所以这应该只是他的曲解和揣测。不过，刘熙的确告诉后人，这种乐器出于胡族。

再进一步看北宋的《太平御览·卷五六七·乐部·乐志》，有下面这样一段记载："龟兹乐者，起自吕光灭龟兹国，得其乐，乐器有……琵琶……"

吕光是五胡十六国时代的人，他在东晋太元十一年（386）自立为凉王，史称后凉。上距王昭君嫁呼韩邪单于的汉元帝竟宁元年已经四百多年，请问王昭君出塞"和番"时怎么可能抱上四百多年后才出现于中原的琵琶？

琵琶虽然由吕光从西域带回中原，但要让琵琶流行，总要有一段时间。中国最盛行琵琶的时代应该是唐代，唐朝李峤有一首《琵琶》，也明确指出琵琶本是出自胡族，这首诗是：

朱丝闻岱谷，铄质本多端。
半月分弦出，丛花拂面安。
将军曾制曲，司马屡陪观。
本是胡中乐，希君马上弹。

反弹琵琶图

此壁画作者不详。见于莫高窟第112窟的《伎乐图》，为该窟《西方净土变》的一部分。伎乐天伴随着仙乐翩翩起舞，举足旋身，展现出“反弹琵琶”绝技的美妙舞姿

至于咏琵琶的唐诗，可以说多到不可胜数，白居易的《琵琶行》更是脍炙人口，传诵千古。这些虽是题外话，但是如果不提到，还真会以为王昭君从长安出发到蒙古草原时，一路上都弹着琵琶，唱着《昭君怨》呢！

呼韩邪单于娶到王昭君后，认为跟西汉的关系又亲密了一些，于是称王昭君为“宁胡阏氏”。这时呼韩邪单于已经在位二十六年了，假设呼韩邪是二十五岁自立为单于，这时已经是五十多岁的国君了，但王昭君可能只有二十岁出头。

王昭君嫁给呼韩邪单于后不久，生了一个儿子叫作伊屠智牙师，被封为右日逐王。呼韩邪单于驾崩后，依照北方草原游牧民族的传统婚俗，王昭君又嫁给呼韩邪单于和另一个阏氏所生的儿子，继单于位的复株累

琵琶行

明代仇英所绘，描绘唐代诗人白居易与琵琶女相逢的故事

若鞮单于，复株累若鞮的年龄可能比王昭君还大。不久，王昭君先后又生了两个女儿，一个后来嫁给贵族须卜氏，另一个嫁给当于氏，所以在文献中记载的是须卜居次和当于居次。所谓“居次”，在匈奴语中是女孩的意思。一直到今天，“居次”这个词还保留在说突厥回纥语的各民族里。

王昭君嫁到南匈奴后，生活如何，是快乐还是哀怨，由于正史里都没有记载，所以不好揣测，不过历来许多稗官野史、文人骚客，往往以想当然的心态认为王昭君必然非常哀怨，很可能汉元帝送别她的那一阵惋惜令她怀念不已，所以终日以泪洗面。历来做这种描述的文学作品不少，如宋代王安石的《明妃曲》便是古代文人以己心度她心的最好例子。

王昭君最后死于南匈奴，她的坟墓在今内蒙古自治区首府呼和浩特旧城南二十余里，相传“地多白草，此冢独青”，所以又叫作“青冢”。但是张遐民所著的《绥远省志书概述》一书认为：“殊非尽然，墓近黄河滨，远望如山丘，黑河色青，两岸泥泞。墓基周围五百余步，高二十丈，旁有步道，可拾级而上。上面宽平，面积有五丈余。墓前及两侧多立碑碣，……塞外虽然黄沙遍地，但山林村舍，仍然黛丝横空。立墓巅向北遥望，则为横亘紫塞之大青山。青山黑河相互掩映，烟雾蒙蒙，数十里隐约可见，因而称为‘青冢’。”

“青冢”这个词汇最晚在唐代时已经出现，因为杜甫《咏怀古迹》一诗中已经有“独留青冢向黄昏”这一句，可见“青冢”是流传已久的词汇。在每年七八月间，青冢本身固然草色青翠，可是四周并非黄沙遍野，还是以《绥远省志书概述》所描述的更加贴近实情，因为这本书的作者本身就是研究绥远的博学硕儒。不过文学的描述虽然有时偏离了史实或与地理实况脱节，但却展现了哀怨凄美的情境。

斗地之议

呼韩邪单于娶了王昭君之后，自认为已经是西汉的女婿了，既然是女婿，就有义务为岳父看守边境，所以曾上书朝廷表示愿意保护自上谷到敦煌一带的西汉北方边塞，而且世世代代都会这么做，朝廷可以撤去北方边塞的守军，以节省兵力，与民休息。汉元帝认为兹事体大，便交付有关官员研议，最后认为国防无论平时或战时都要做好，放弃北方边防之议断不可行。汉元帝把这个决定派使者告诉了呼韩邪单于，呼韩邪也承认自己的想法过于天真。

呼韩邪单于过世后，由儿子雕陶莫皋即复株累若鞮单于继位。据史传所载，“若鞮”在匈奴语里是“孝”的意思，这是因为呼韩邪单于见西汉历代皇帝的谥号中都有“孝”字，所以从雕陶莫皋开始，南匈奴单于的称号中都有“若鞮”这个词。复株累若鞮单于六年（汉成帝河平三年，前 26），他上书朝廷，表示第二年要入朝庆贺汉成帝河平四年元旦，汉成帝当然应允，除了比照汉元帝竟宁年间赏赐给呼韩邪单于的往例外，更加赏锦绣缯帛两万匹、絮两万斤。

复株累若鞮单于在位十二年，崩于汉成帝鸿嘉元年（前 20），之后由他弟弟且麋胥嗣立，称搜谐若鞮单于，在位九年。在第九年时，原准备要入塞（指长城）朝见汉天子，但还没有入塞就驾崩了，这时是汉成帝元延元年（前 12）。

自呼韩邪单于决定附汉的汉宣帝甘露元年（前 53），到搜谐若鞮单于去世的汉成帝元延元年，前后四十一年，南匈奴和西汉没有任何战事，再加上漠南地区水草丰美，南匈奴人民得以休养生息，牲口大量繁殖，大大提升了南匈奴的国力，隐然又成为塞外强国。

搜谐若鞮单于崩卒后，由弟弟且莫车嗣立，称车牙若鞮单于，车牙若鞮单于派儿子右于涂仇掸王乌夷当入侍西汉。五年后，车牙若鞮单于崩卒，时汉成帝绥和元年（前8），单于位也由他弟弟囊知牙斯嗣立，称乌珠留若鞮单于，匈、汉仍然处于和平相处的状况。这时的西汉朝中大权已渐由王莽把持，也就在这一年，西汉派中郎将夏侯藩、副校尉韩容出使南匈奴。

汉匈之间的边界线并不是一条直线，而是有一块属于南匈奴但是却深入汉地的区域，当时称为“斗地”，位置在张掖郡。斗地生长一种木材，可以制成箭杆。当时有人为了讨好当权的王莽家族大家长，也就是汉成帝的舅舅大司马骠骑将军王根，就向王根建议，如果能得到这块斗地，对国家有很大的助益，也可以凸显骠骑将军的丰功伟业。王根不学无术，好大喜功，认为这是一个彰显自己重要性的好机会，便向汉成帝禀告此事。汉成帝也认为这块斗地对西汉的“军事能力”有益，就想向乌珠留若鞮单于索要这块地，可是又担心南匈奴不答应，自己在面子上过不去。

结果当汉廷还在犹豫之时，王根就自作主张地要出使南匈奴的夏侯藩，向南匈奴单于索取这块地。

匈奴人都知道，当初冒顿单于舍得把宝马、美人送给东胡，可是对于没人居住的瓯脱则绝对不肯割让，所以对乌珠留若鞮单于来说，土地当然是国家的根本。由于当时西汉的国势仍然比较强大，乌珠留若鞮单于不好一口回绝，只是迂回反问说这是皇帝的意思，还是使者的意思？夏侯藩回答说：“皇帝也有这个意思，我是为单于你着想，也是为你好，所以才提出来，如果你能主动提出献地，皇帝必有极大的回报。”单于只好说：“这块地是温偶余王与他的人民居住，详细地理位置都不清楚，待我派人实地了解后，再做决定。”乌珠留若鞮单于处事相当稳重，夏侯藩、韩容的请求毫无结果，只好先行回去。

不久，这两个人又来到南匈奴境内，而且这次一开口就直接要地。话既然挑明了，单于也就直截了当地说：“我父子兄弟传了五代，西汉都不曾向我们匈奴要这块地，到我做单于时，却向我要地，这是什么原因呢？而且我问过温偶余王，他说我们匈奴西边各王以及人民建帐幕、做车子，都依靠这块地上的木材。况且土地乃是祖先留下来的，不敢失去啊！”夏侯藩得不到斗地，只好怏怏而回。

之后，乌珠留若鞮单于立刻派遣使者向汉成帝说明夏侯藩索要土地的经过情形。汉成帝见事情似乎闹大了，只好致书单于说：“夏侯藩擅自矫诏向单于要那块斗地，依法应当处死，恰好遇到国家二次大赦，现在已经把他贬到济南做太守，不再让他处理任何有关匈奴的事务了。”

这件事情就在汉成帝致书南匈奴单于后结束，表面看来似乎风平浪静了，但事实上已在汉、匈友好和睦的关系中蒙上了一层阴影。

哀帝建平四年（乌珠留若鞮单于六年，前3），乌珠留若鞮单于上书，想要到长安来朝贺建平五年元旦，这时正好汉哀帝生病，朝廷大臣禀报说：“匈奴从北方南下，从五行阴阳上看，像是从上压下。何况从宣帝黄龙年间、元帝竟宁年间，匈奴单于来朝汉天子，我们西汉都会发生重大事故。”汉哀帝一听就怕了，询问众公卿大臣的意见。这些公卿大臣认为，南匈奴单于每次来朝，汉廷都要赏赐许多物品，实在有些浪费，因此可以拒绝单于来朝贺明年元旦，最后西汉就把拒绝单于来朝的意思回复给南匈奴使者。

在南匈奴使者即将北返前，黄门郎杨（或作“扬”）雄上了一篇很长的谏书，认为万万不可拒绝单于来朝。杨雄说的道理让人心悦诚服，

上林苑驯兽图（局部）

西汉晚期砖质彩绘壁画。图中三人，右边一人右手执斧，左手握鞭，正在驯兽；左边穿白衣者似驯兽表演的小丑；穿红衣的官吏侧首看着前方

于是汉廷又追回南匈奴使者，请使者转告单于，同意他来年元旦到长安朝贺。结果当年因乌珠留若鞮单于生病而无法成行，于是又遣使至汉，表示将延后一年再来朝贺。

隔年（哀帝元寿二年，前 1），乌珠留若鞮单于朝汉，朝廷以当年恰逢太岁，怕有不利而婉拒，但是单于人已经来了，结果不知道是谁出的主意，竟将乌珠留若鞮单于安置在供皇帝打猎游乐的上林苑蒲陶宫。然后又画蛇添足地派人告诉乌珠留若鞮单于，这样安排是因为特别敬重他。乌珠留若鞮单于眼见有异于以往成例，心想必有原因，心里自是不悦。

南匈奴此次来朝，西汉除依照往例赏赐之外，再加送衣三百七十件、锦绣缯帛三万匹、絮三万斤。

但自呼韩邪单于附汉以来匈汉之间几十年的和睦关系即将毁于一旦，南匈奴在这没有战争的几十年间国力大增，汉、匈之间已经埋下了不安定的隐患。

第九章

东汉与匈奴

新莽的匈奴政策

西汉自成帝后，大权逐渐落入外戚王莽手中。王莽熟读经史，但却迂腐不堪，而且为人极其虚伪，在没有得到绝对权力时，他总是谦恭待人，尤其对读书人更是如此。王莽在刚刚获得权力把持朝政时，仍然礼贤下士，加上他本人又饱读诗书，所以当时的知识分子对他都佩服得五体投地。一次王莽辞官回家，就有三万太学院的学生齐聚宫阙高呼：“如莽不出，奈天下苍生何？”可见王莽篡汉前在民间拥有极高的声望。

汉哀帝初即位时（约前 7），王莽曾矫饰避位，后来是因为太学生的呼吁，他才在汉哀帝元寿元年（前 2）复出，为大司马且领尚书事，总揽朝政。汉平帝元始二年（乌珠留若鞮单于十年，2）时，西汉朝中已无人可与王莽的力量抗衡。王莽传信给匈奴乌珠留若鞮单于，要王昭君的女儿须卜居次入侍太后，当时王莽声望正高，单于只好照办。须卜居次到长安后，朝廷给了她许多赏赐。如果从年龄上推测，这时须卜居次已经二十几岁了，她早已经嫁给姓须卜的人，应该是有儿有女了，但是王莽一声令下，须卜居次这个已有家小的匈奴公主也只能千里迢迢到长安入侍西汉太后。

同样，也是在汉平帝元始二年，汉戊己校尉徐普计划开辟一条新道路，直通玉门关（今甘肃省敦煌市西北），但此路会影响到西域车师后王国（汉宣帝元康四年，即公元前 62 年，车师分裂为前、后王国；前王国亲匈奴，后王国亲汉）的疆域。车师后王认为，这条路若只供西汉使用，对自己的国家将会大大不利。徐普于是召来车师后王姑句，以划分两国疆界，然后上报朝廷。可是姑句认为，划界乃是大事，岂可如此草率，所以没有答应。徐普竟然想扣留姑句，姑句的妻子股紫陬对姑句说："之前车师前王被汉都护司马所杀，现在又想扣留你，日子一久，一定也会被杀，不如投奔匈奴以求自保。"于是车师后王就带领部下穿过高昌壁（今新疆维吾尔自治区吐鲁番东）投奔南匈奴。

另外，西域的婼羌国（今新疆维吾尔自治区巴音郭楞蒙古自治州若羌县）常与另一游牧民族赤水羌作战，婼羌国经常战败，国王唐兜曾多次向西汉西域都护但钦告急，但钦却总是按兵不动，并未加以援救。唐兜被围困急了，想向东进入玉门关，但玉门关守将拒不开门，唐兜只好带领妻子、人民一千多人投奔了南匈奴。

车师和婼羌投奔至南匈奴后，乌珠留若鞮单于都予以收留，并且把这两批人马配属左右谷蠡王，同时也把经过情形向西汉朝廷报告。

西汉接到南匈奴单于的报告后，派中郎将韩隆、王昌，副校尉甄阜，侍中谒者帛敞，长水校尉王歙等人为使来到南匈奴，责备南匈奴说："西域已经归附西汉，匈奴不该接受他们的投靠，现在就将他们放回去。"

乌珠留若鞮单于也不示弱，他回答说："汉宣帝、元帝时，为了体恤南匈奴，特别规定自长城以南归天子所有，长城以北则属南匈奴管辖，双方互不侵犯，如果有越界前来投降，都不能接受。我的父亲呼韩邪单于蒙大汉重恩，临终遗言交代：'如果有人从中国来降，不能接受，要把来降者送到长城关卡，以报汉朝恩德。'现在西域人来投降，这是外国，不在前述规定之内，是可以接受的。"

这番话说得铿锵有力，汉使几乎无法反驳，只好以西汉有恩于呼韩邪单于来压南匈奴。汉使说："当年匈奴五单于分立，骨肉相残，几乎亡国灭种，全赖中国伸出援手，你们才得以继续生存。你们应该知恩图报啊！”

汉使挟恩求报的方式，多少有失厚道，可是乌珠留若鞮单于毕竟是草原游牧民族，比较豪迈直爽，结果还是把姑句、唐兜这两个人交给汉使。从这件事来看，当时南匈奴似乎还不知道西汉已经是金玉其外、败絮其中了。

乌珠留若鞮单于遣使者送韩隆等人返回中原，并上书请西汉赦免他收留西域人姑句、唐兜之罪。这原是给西汉一个台阶下，睿智的当权者不但会赦免单于的过失，还应该嘉勉他把姑句、唐兜交给汉使带回的举动。对于姑句、唐兜这两个西域小国的王，如果朝廷实力还够强大，通常会派兵护送他们回国，协助他们把敌人赶走；如果朝廷实力不够，或者不想多事，就会把这两位西域小国的王留在长安，给予官位，让他们依靠俸禄过日子，以显示中原王朝的气度。

可是王莽却没有这么做，他将姑句、唐兜两人带到中国和西域的交界之处后，召集西域各绿洲国家的国王至此，然后在众多军队之前，将此二人当众斩首，用以警戒各西域国家。王莽这种做法不仅使西域各国更加离心离德，也让南匈奴面子尽失。

更有甚者，王莽还进一步规定以下四种情形匈奴都不得接受：一、中国人逃入南匈奴者；二、乌孙人逃入南匈奴者；三、西域各绿洲国家已归顺中国，而中国也颁给印信者；四、乌桓人。

王莽颁布了这四项限制，还觉得不够，又派中郎将王骏、王昌，副校尉甄阜、王寻等出使南匈奴，除了颁布上面所规定的四项限制外，还要求取回汉宣帝时西汉给呼韩邪单于的那封“长城之南天子有之，长城之北单于有之……”的近似协定的函件。这摆明是要推翻汉宣帝时与南匈奴的协议。

另外，异想天开的王莽认为，当时的中国人都是单名，不许有两个字的名字，于是又传信给乌珠留若鞮单于，如果单于仰慕中国的习俗，应改为单名，朝廷对此一定有重赏。匈奴的语言基本上是复音节，不会有“单名”这种名字。或许是看在“重赏”的分上，乌珠留若鞮单于并不在意，他上书给西汉说：“有幸成为汉的藩属，当然愿意和汉共享太平盛世，我本来名叫囊知牙斯，现在为了仰慕中国文化，改名为知。”这下王莽大悦，果然给了南匈奴许多赏赐。其实单于只在给西汉上书时才用“知”这个名，在匈奴国内仍然以囊知牙斯为名。

西汉颁布了四项规定后，又让乌桓使者告诉乌桓人民，自今以后可以不必向南匈奴缴皮布税，但南匈奴认为这是行之多年的惯例，所以仍然派使者到乌桓收取皮布税，还有许多南匈奴妇女追随使者前往乌桓想交换物品，可是乌桓酋长告诉南匈奴使者说：“奉了汉天子诏条，不必再向南匈奴纳税了。”南匈奴使者大怒，就把乌桓酋长捆缚起来倒吊在树上。乌桓酋长的兄弟见状也怒不可遏，纠集了许多乌桓人把南匈奴使者及随行的官员全杀了，并且将随同前来的南匈奴妇女、牛羊牲畜都抓

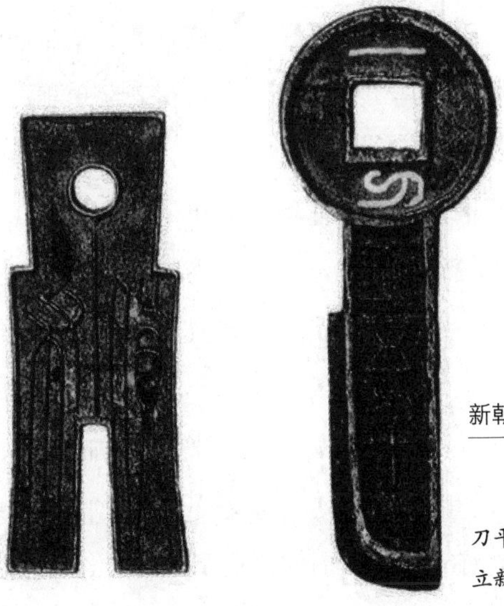

新朝货币

左为布币，上面铸有“新朝”字样；右为“一刀平五千”的错金刀币。这类货币是王莽建立新朝政权后统一度量衡的产物

了回去。

消息传回南匈奴后，乌珠留若鞮单于无法忍受，就发动左贤王的兵马杀向乌桓。乌桓人民不敌，或逃向山上，或向东逃到长城脚下。南匈奴俘虏了许多乌桓人后，通知乌桓酋长想让这些人回家，就要拿皮布来赎。这次乌桓与南匈奴的纠纷又是王莽无事生非惹出来的，而且加深了南匈奴和西汉的裂痕，只要有适当的机会，南匈奴必然会反击。

西汉孺子婴初始元年（乌珠留若鞮单于十六年，8），王莽篡西汉，改国号为新，建元为始建国。王莽既食古不化，又要标新立异，他当皇帝后，不愿再延续以往西汉对南匈奴的政策，因而进一步破坏了双方之间的和睦关系。

原来呼韩邪单于归附西汉时，西汉曾颁发一枚印章给呼韩邪单于，印章上刻的是“匈奴单于玺”。在中国文化里，对于印章是很有讲究的，“玺”是帝王专用的印章；“印”是指政府正式官员或政府机关所用的印章；一般非正式的机关用的称“关防”；百姓所用的叫“私章”或“戳记”。在古代宗法社会里，这是一种很重要的规定，绝不容许出错。西汉颁给呼韩邪单于的印章称玺，证明西汉承认单于是南匈奴的皇帝。因此这一枚“匈奴单于玺”就从呼韩邪单于一路传到乌珠留若鞮单于，已经传了四位单于。

王莽当了皇帝之后，于始建国二年（乌珠留若鞮单于十八年，10）派五威将王骏率甄阜、王飒、陈饶、帛敞及丁业六人为使，送给乌珠留若鞮单于许多金帛，并告诉单于，中原王朝已由王莽取代了汉王朝，所以要更换给单于的金印，新的印文是“新匈奴单于章”。使者把新的印章颁给单于，同时要单于交回旧印。乌珠留若鞮单于正准备交出旧印时，南匈奴左姑夕侯苏在一旁提醒，没有看到新印前，请单于暂缓交出旧印。这下乌珠留若鞮单于警觉了，没有立即交出旧印，而是请使者在帐篷中饮酒。不久，五威将王骏又催促单于将旧印交出，左姑夕侯苏仍然提醒单于，在没见到新印文前，且慢交出旧印。但乌珠留若鞮单于认为印文不会变更，于是就把旧印交给了王骏。

王骏当时并没有解开包裹新印的布绶，只是继续和单于喝酒，一直到深夜才回到住处。这时陈饶说："刚才南匈奴左姑夕侯苏怀疑新印的印文，几乎不肯把旧印交出。现在他们一定在查看新印，发现印文不对，肯定会来讨回旧印，那时我们就无法应对。如果将旧印还他，那是有辱使命。不如现在把旧印砍掉一角，以绝祸根。"其他几位使者还在犹豫时，陈饶勇猛而果决，当下就拿出斧头把旧印玺给砍坏了。

第二天，乌珠留若鞮单于果然派右骨都侯来问五威将王骏，说："汉时所颁的称玺不称印，而且又没有'汉'字；据汉人习惯，王侯以下的印上有'汉'字，而且称'章'，现在新颁的印没有'玺'字，而用'章'字，这么一来简直是把我们匈奴视同臣子，还是把旧的印还给我们吧！"

铜卡尺

此为新朝建立后王莽变法改制时制作的铜卡尺，分固定尺和活动尺两部分，尺的正面刻有寸、分等刻度，背面刻有"始建国元年"等铭文，是迄今世界上发现的最早的游标卡尺，比西方科学家制成的游标卡尺早了一千七百多年

汉使就把已被砍破的旧印拿出来说："新王朝应天而立，单于应该顺天受命，接受新朝的任命与制度。"右骨都侯返回复命，单于到这时也无可奈何了，又见汉使带来大量金帛，只好接受，于是就命弟弟右贤王带了些牛、马，随五威将王骏等人到长安向王莽致谢。

从这件事可以看到，王莽食古不化而又妄自尊大，原来西汉所颁发的"匈奴单于玺"上并没有"汉"字，却能维持汉人和南匈奴民族几十年的和睦相处，双方都得到极大的好处。即使改朝换代由"汉"到"新"，原来的印也可以沿用，纵然为了宣示"新"朝的来临，也可另刻一枚同样印文的金印，何必硬在印文上加一"新"字，又把"玺"字改为"章"字，这两个字所彰显的不过是虚荣罢了，难道这一点虚荣心会比两个民族的和平更重要吗？

新朝使者王骏等人返回长安途经南匈奴左犁汗王所驻牧的地区时，看到之前南匈奴所俘虏来的一些乌桓人，就问这些乌桓人是怎么来的，左犁汗王老老实实地把来龙去脉说了出来。王骏认为新颁布的四条规定已表明不得接受乌桓人来降，应该立刻把他们放了，左犁汗王不敢决定，要呈报单于。直到这个时候，南匈奴单于对中原王朝还是相当恭顺，同意放人，双方几经协商，就在左贤王的辖地把乌桓人放了。

自主派与亲汉派

自王莽当权以来，对南匈奴采取的许多措施都不太恰当，这一连串的不恰当，南匈奴乌珠留若鞮单于几乎都很恭顺地接受了，除了没有把斗地割让之外，其他都顺从了西汉或新朝的意愿。但是并非所有南匈奴贵族都是这么恭顺，南匈奴内部也有亲汉派与自主派在角力，只是这段时间亲汉派占了上风而已。

说到南匈奴内部的亲汉派，不能不提到王昭君。王昭君再嫁给复株累若鞮单于之后，生了两个女儿，其中一个叫云，后来嫁给匈奴贵族须卜当，官拜匈奴右骨都侯，所以在汉文史料中记载这个女儿为须卜居次或须卜居次云。右骨都侯须卜当是亲汉的，虽然王莽之前采取了一连串不妥当的措施，但在须卜当的劝解下，乌珠留若鞮单于继续与西汉或新朝维持和平友好的关系。但是在南匈奴内部还有一些贵族认为维持匈奴民族的自主性与尊严更重要，反对向中原汉人过度输诚。在两派的角力中，起初由于西汉的大方赠送物资，以及尊重匈奴单于的地位（如颁发“匈奴单于玺”，视单于如皇帝），所以亲汉派占了上风，但是由于王莽当权后一连串不适当的措施，让自主派有了反击的机会。

就在这时，乌珠留若鞮单于驾崩（新朝王莽始建国五年，13），由与须卜氏关系良好的右犁汗王咸继立为乌累若鞮单于，须卜当还力劝他与王莽和亲，希望通过与新朝的和亲，维持匈、汉人民的和平。这次和亲虽然成功了，但是王莽后续一连串错误的措施，使亲汉派失去了着力点，而让自主派有了抬头的机会。

王莽总认为中原王朝的威严要绝对凌驾于四周民族之上，所以在篡汉后，为了立威，曾经募兵三十万，派遣了十二员大将，计划彻底击溃南匈奴，然后将南匈奴分为十五部，更准备将稽侯珊呼韩邪单于的十五个子孙都立为单于，以分散匈奴的力量。于是王莽派人到云中（今内蒙古自治区呼和浩特市托克托县）塞下，把匈奴右犁汗王咸父子骗到塞内，然后以威逼利诱的手段，强封右犁汗王咸为孝单于，他的儿子助也被强封为顺单于，助过世后，又以另一个儿子登为单于。

王莽如此倒行逆施，无论是南匈奴单于或南匈奴人民都感到不满。当时的南匈奴单于可能觉得自己力量还太薄弱，勉强忍了下来，可是心中的不满却愈积愈多。没想到王莽为了满足自己的虚荣心，居然又把“匈奴”改为“恭奴”，把“单于”改为“善于”。更糟的是，王莽居然以武力把须卜当夫妻强架到长安，然后胁迫须卜当做单于，并且准备派兵护送须卜当回南匈奴就单于位。试问在这种情况下，匈汉之间还有和平可言吗？南匈奴怀着满腔怨愤，寻找适当的时机发作。

之前提到，南匈奴曾俘获三千多乌桓人，五威将王骏要匈奴放了这些乌桓人，几经协商后，南匈奴决定在塞外释放这些乌桓人。南匈奴单于因此派右大且渠蒲呼卢訾等率兵万余骑，以护送乌桓人为名，驻兵朔方（今内蒙古自治区鄂尔多斯市北境）塞下，朔方太守立刻奏报朝廷。王莽就以广新公甄丰为右伯率大军出西域，可能是想从西边包抄南匈奴。只是大军需要经过车师后王国，车师后王国的国王须置离得到消息后，担心车师后王国没办法供应大军过境所需要的粮草，就准备逃入南匈奴。当时新朝派驻西域都护的但钦得知这一消息，就召见了须置离，并且把他杀了。须置离的兄长辅国侯狐兰支闻讯后，就率领车师后王国的两千兵马投降了南匈奴。

这时的西域各绿洲国家都已不满新朝的作为，新朝所派西域的戊己校尉刁护病虽然还是忠于职守，但是他的文书官（时称为史）陈良、终带以及校尉司马的属员（时称为丞）韩玄、右曲侯任商等人密谋，认为西域各国都想叛离中原王朝，如果南匈奴大举来伐，只有死路一条，不如杀了校尉刁护病，然后率领人马投降南匈奴。谋定后，这些人就把刁护病及他的父子、兄弟和有关人员都杀死，带了两千多人投降了南匈奴。南匈奴也不亏待这些来降的汉人，封陈良、终带等人为乌贲都尉（《汉书》作乌桓都将军，今从《资治通鉴》），留在单于庭。并把韩玄、任商留在南匈奴南将军所，他们带来的人马则分配到零吾水（今址不详）一带务农。

王莽的倒行逆施已经开始令新朝尝到苦果了，从此南匈奴经常侵入中国北边。这时王莽还不自我检讨，竟然运了大批谷帛到北方边疆，准备派军出击匈奴。当时不只北方边疆不安宁，中原内地也到处都有人民起兵反抗新莽政权，结果攻打南匈奴的大军尚未出发，王莽自己就被反抗大军给杀死了，这时是地皇四年（23）。

自呼韩邪单于附汉以来，匈、汉双方维持了五十多年的和平，经过王莽搅局之后，又走向战争，使匈、汉民族的融合向后推迟了好几百年。

以夷制夷

新朝末年，天下大乱，盗贼四处割地称雄，后来由刘玄初步统一了天下，号称更始。更始二年（24），刘玄遣使南匈奴，颁给南匈奴单于西汉旧制的印玺，另外又颁给单于以下王侯印绶，并且把客死长安的须卜当、须卜居次的骸骨、亲属、随从等送回南匈奴，希望这些带有善意的措施能弥补王莽所造成的匈汉之间的裂痕，恢复之前双方和睦友好的关系。

然而，南匈奴此时的呼都而尸道皋若鞮单于提出在汉人反抗王莽统治的过程中，南匈奴也曾出兵进攻王莽，在推翻王莽这件大事上，南匈奴也有功劳，所以要刘玄尊重南匈奴。南匈奴单于对更始所派的使者陈尊、刘飒说：“匈奴与西汉本为兄弟之邦，后来匈奴内乱，五单于分立，汉宣帝辅助呼韩邪单于，所以匈奴向汉称臣。现在汉地也已大乱，被王莽所篡，匈奴也曾出兵攻击王莽，终于击败王莽，复兴汉室。在推翻王莽的过程中，我匈奴也曾出力，所以你们要尊重我（匈奴）。”这一番话说得并非没有道理，只是夸大了一些，可惜双方关系并没有获得改善。

之后中原由刘秀统一，是为光武帝，他仍以汉为国号，史称东汉。东汉初建，忙于整顿内部，当然无力处理边疆地区的问题，而匈奴自呼韩邪单于附汉之后，五十多年没有战争，无论人民、牲畜都大为增加，国力增强许多。

在此消彼长的情况下，匈奴看到东汉正忙于安内，根本无力攘外，于是又开始骚扰汉地，掠夺物资及人口，对东汉造成极大压力。

东汉光武帝建武五年（呼都而尸道皋若鞮单于十二年，29），东汉派郭汲为渔阳太守，郭汲深知国家在整治离乱之余，应该以养民训兵为务，建立威信，肃清盗贼，只要境内安定，外患南匈奴也就不敢近边骚扰。果然，在郭汲任太守的五年内，匈奴都不敢进入渔阳，渔阳因而人口倍增。

次年，南匈奴与安定郡三水县（今宁夏回族自治区固原市原州区）地方割据势力卢芳勾结，并封卢芳为“汉帝”。在南匈奴的支持下，卢芳控制了五原（今内蒙古自治区包头市西南）、朔方、云中、定襄及雁门等五郡，具有一定的声势。原来只有汉人善于使用“以夷制夷”的策略，没想到现在匈奴也照搬了“以汉制汉”的策略，而且用得甚为出色。

卢芳冒称刘文伯，在淮阳王更始后期联合三水羌人，自称上将军、西平王，并派使与南匈奴、西羌和亲，更表示愿依附南匈奴。所以，呼都而尸道皋若鞮单于以为：“汉朝王室中绝了，现在刘文伯来归附我匈奴，我将像早年西汉辅立呼韩邪那样拥立他，我要他尊敬我。”于是南匈奴和卢芳不时侵入东汉北境，从事掠夺，东汉也拿他们毫无办法。

虽然如此，东汉与南匈奴在这种形势下还是有使者往返，只是南匈奴单于的态度相当傲慢，相信东汉也奈何不了他。然而，东汉光武帝仍一如往常地以礼对待匈奴使者，这是“国际”形势使然。但也唯有如此，东汉光武帝才有精力加快脚步整顿国内事务。

东汉光武帝建武十五年（呼都而尸道皋若鞮单于二十二年，39），南匈奴又南下掠夺东汉边境。边郡官吏无力抵挡，光武帝于是派吴汉与马成、马武等人率大军北击匈奴，东汉已经开始从消极的防御转向积极的进攻了。

同年冬，“汉帝”卢芳又在南匈奴的支持下入侵高柳（今山西省阳高县西北），东汉派扬武将军马成修缮各处关塞，十里一候，以防备南匈奴。马成派骑都尉张堪率兵在高柳击败了南匈奴，于是东汉以张堪为渔阳太守。张堪整军经武固守渔阳，八年之间匈奴不敢犯塞。

东汉朝廷知道南匈奴手里抓了一个“汉帝”卢芳，对沿边各郡汉人多少还是会有些作用，为了釜底抽薪，以高官厚禄为饵，招降卢芳。匈奴呼都而尸道皋若鞮单于原想，只要卢芳假意降汉，南匈奴可照领东汉赏赐。只是卢芳觉得，在南匈奴羽翼下的“儿皇帝”并不好当，既然东汉朝廷许以高官厚禄，尽管单于只想让他假降，他却假戏真做，真心降了东汉。东汉封他为代王，并以他手下的闵堪为代相。卢芳既是真心降汉，原来许诺赏给南匈奴的礼物自然就免了。这下呼都而尸道皋若鞮单于是“赔了夫人又折兵”，心里自然悔恨不已，于是大肆入侵。时为建武十七年（呼都而尸道皋若鞮单于二十四年，41）。

卢芳虽然真心降汉，但内心又害怕朝廷会对他有所猜忌，自古降臣降将都会有这种矛盾的心理。建武十八年（呼都而尸道皋若鞮单于二十五年，42），卢芳又反东汉。卢芳的部下闵堪不同意卢芳这样出尔反尔，于是两人兵戎相见，打杀了几个月还是难分胜负。南匈奴得知消息后，就派兵来迎卢芳，卢芳又回到南匈奴。十几年后卢芳在南匈奴过世。

此后，南匈奴一直骚扰东汉沿边各郡。后来东汉马援自告奋勇想出击南匈奴，东汉就让他在襄国（今河北省邢台市邢台县西南）屯田，以备匈奴。

建武二十一年（呼都而尸道皋若鞮单于二十八年，45），匈奴与乌桓、鲜卑联兵寇掠东汉边郡，马援虽率军抵抗，但是无功而返。同年冬，南匈奴又寇掠上谷、中山（今河北省西北部），东汉无力抵抗，只能任凭南匈奴饱掠而去。

第二年，呼都而尸道皋若鞮单于驾崩，总计在位二十九年。之后的单于位由他的儿子左贤王乌达鞮侯嗣立。但乌达鞮侯不久即过世，单于位由乌达鞮侯的弟弟左贤王蒲奴嗣立。

这一年，气候反常，旱灾、蝗灾频传，本来就农作物匮乏的草原更是赤地千里，牛羊没草可吃，多半饥饿而死；人没有牛羊可吃，死伤也几乎过半。蒲奴单于这下慌了，又怕东汉趁机来袭，于是就派使者到东汉请求和亲，东汉也派使者中郎将李茂出使南匈奴，但东汉有没有答应和亲，史传没有记载。

南北匈奴再度分裂

就在蒲奴单于嗣立的这一年，乌桓见南匈奴遭到旱灾、蝗灾，人畜死伤过半，认为是天赐良机，于是兴兵攻打南匈奴，南匈奴只好退到漠北。

一时之间，漠南空虚，对东汉而言，正好可以休养生息，同时以财物招降乌桓。

呼都而尸道皋若鞮单于初立时，依顺序应当以王昭君的儿子右谷蠡王伊屠智牙师为左贤王，依照匈奴的传统习俗，左贤王就是单于的继承人，但是呼都而尸道皋若鞮单于有私心，想传位给自己的儿子，于是杀了伊屠智牙师。乌珠留若鞮单于的儿子右奥鞬日逐王拥有南边八部，见伊屠智牙师被杀，认为不妥，心中有怨说："以兄终弟及的方式来说，右谷蠡王伊屠智牙师应当立为左贤王，如果以父子相传的方式看，我是前单于的长子，应当立我为左贤王。"可见匈奴内部为了争夺单于之位的继承权，已经再次埋下了内讧的种子。右奥鞬日逐王从此不愿参加每年在单于庭固定举办的聚会。

呼都而尸道皋若鞮单于也怀疑日逐王有二心，于是派两个骨都侯监领日逐王的军队。日逐王当然怨恨，便秘密令自己手下的汉人拿着南匈奴的地图去见东汉西河（今河北省保定和山西省太原、大同一带）太守，表示愿意内附。这件事被两个监视他的骨都侯察觉，此时正好是五月，是匈奴各部首领到单于庭集会的时间，于是这两个骨都侯就劝蒲奴单于杀了日逐王。日逐王的弟弟渐将王当时就在单于帐下，立刻把消息告诉日逐王，日逐王因此召集八部的兵力四五万人，要等那两个骨都侯回来后杀了他们，然后再向南附东汉。

消息传到这两个骨都侯的耳朵里，他们立即逃走，而蒲奴单于也派了一万多名骑兵要攻打日逐王，只是看到日逐王已经动员了四五万兵马，在寡不敌众的形势下，只得撤军返回单于庭。这时是蒲奴单于二年（建武二十三年，47），南匈奴内部已经出现了分裂情形。东汉的形势则是趋于稳定。

次年，南匈奴八部大人共立右奥鞬日逐王为单于，他们认为日逐王的祖父稽侯珊呼韩邪单于因归附西汉而使南匈奴转危为安，延续了南匈奴民族的命脉，所以也称日逐王为呼韩邪单于。呼韩邪单于致书东汉朝廷，表示愿意称藩于东汉，并为东汉守卫北方屏障，以抵挡蒲奴单于。光武帝命群臣讨论，众人意见不一，但光武帝最终同意了呼韩邪单于归附。

此后，南匈奴再分为两部，呼韩邪单于所部就是史传上所指的“南匈奴”，蒲奴单于则成为“北匈奴”。这次分裂出来的南匈奴在两百多年后成为第一个由北方胡族建立的汉魏式政权，也是拉开五胡十六国的序幕者。而北匈奴则在三百年后威震欧洲，首领阿提拉更被欧洲人称为“上帝之鞭”，令欧洲人胆寒不已。

建武二十五年（蒲奴单于四年，49），东汉辽东（今辽宁省境内）太守祭彤以财物招降鲜卑大都护偏何，要他攻击北匈奴蒲奴单于，以求立功领赏。偏何果然率军攻击北匈奴，斩首两千多名士兵，提着北匈奴的人头向辽东郡领赏，祭彤没有食言。此后，鲜卑经常北击北匈奴，一有斩获，就到辽东郡领赏，北匈奴受此打击，逐渐衰微。

同年，南匈奴呼韩邪单于的弟弟左贤王莫带领军队万余人攻打北匈奴蒲奴单于的弟弟奥鞬左贤王，大胜，活捉了奥鞬左贤王。北匈奴吓坏了，马上向北撤退了一千多里，可是北匈奴的奥鞬骨都侯与右骨都侯却率领三万多人投奔了南匈奴。也是在这一年，南匈奴呼韩邪单于遣使来到东汉国都洛阳，请朝廷派遣使者到南匈奴监护，并遣子入侍，一切比照他祖父呼韩邪单于往例办理。

次年，东汉遣中郎将段郴、副校尉王郁出使南匈奴，在五原西八十里立单于庭，使者要单于跪拜接书，呼韩邪单于考虑了一会儿，还是跪下接受了东汉皇帝的诏书。之后，单于让翻译告诉东汉使者说：“单于新立，还没有完全威服左右，希望使者不要在大庭广众过分让单于受到屈辱。”这确实是人之常情。

光武帝在诏书中准许南匈奴到云中放牧，并在此时设立“使匈奴中郎将”一官，以配置军队，保护南匈奴。

就在这一年夏天，原来从蒲奴单于那里俘虏的奥鞬左贤王，除了他所统领的人民外，再加上他所煽动的南匈奴韩氏骨都侯、当于骨都侯、呼衍骨都侯、郎氏骨都侯以及粟借骨都侯，共五个骨都侯一共三万多人投奔了北匈奴。在距离北匈奴还有三百里的地方时，这些匈奴部众停了下来，想要自成一部，并且要自行产生单于。可能是为了争夺单于的位置，他们发生内讧，互相残杀，结果奥鞬左贤王自杀，五个骨都侯也都死了。五个骨都侯的部下又各自推举首领称骨都侯，各自拥兵自守，成为南北匈奴之间又一股匈奴部族，不过人数不多，力量也不大。到了这年冬天，眼看日子快熬不下去了，这支匈奴只好再度南来回归呼韩邪单于。

南匈奴既已归附东汉，而且也遣子入侍，东汉光武帝于是下诏赠送呼韩邪单于冠带、玺绶、车马、金帛、甲兵、什器，又从河东运米粮两万五千斛、牛羊三万六千头（只）给南匈奴，东汉对南匈奴也算是相当宽厚。当然，除了赏赐厚赠之外，东汉对南匈奴也采取了一些具有实际意义的政治措施。例如，东汉朝廷命中郎将率领五十个犯有轻罪的汉人前往单于驻牧地，既协助单于处理诉讼事务，也连带监视单于的行动举止。单于每年都送儿子到朝廷入侍，同时换回上一年送去的侍子，东汉也每年派谒者送回上一个侍子，同时带去朝廷赏赐给单于、阏氏、左右贤王以次各级匈奴贵族的礼物，这些礼物大部分是缯彩，总数量为每年一万匹左右，每年都是如此，成为惯例。

原来由于南匈奴的侵犯，沿边云中、五原、朔方、北地、定襄、雁门、上谷及代八郡的人民都迁到塞内，现在南匈奴既已附汉，北方无战事，这八郡汉人便回到原来的地方重建家园，沿长城一线又呈现和平的景象。

汉化的南匈奴

当跟随奥鞬左贤王北走的韩氏等五个骨都侯的余众又向南归附南匈奴时，北匈奴蒲奴单于派兵追截这五个骨都侯的人马，南匈奴呼韩邪单于也立刻领兵拦阻北匈奴，一战之下，南匈奴不敌。这时东汉光武帝下诏把南匈奴迁到西河美稷（约今内蒙古自治区鄂尔多斯市东胜区一带），避开与北匈奴正面冲突，这也可能是由于当时东汉还没有实力与北匈奴作战，所以采取守势。尽管如此，东汉还是派了段彬、王郁率兵留在西河以保护南匈奴，原来任命的使匈奴中郎将也随之迁到西河美稷，从此南匈奴的政局逐渐稳定。

南匈奴与东汉的关系始终保持着和平、友善，南匈奴每年都会派侍子到东汉国都洛阳祝贺元旦，参拜祭祀陵庙，而东汉朝廷也照例赏赐许多礼物；每当有南匈奴单于崩殂时，朝廷都会派使者前往吊唁慰问和赏赐。东汉用于赏赐南匈奴的礼物费用相当庞大，据《后汉书·袁安传》所载，每年的花费高达一亿九十余万钱。不过如果和战争相比，可能就不算多了，何况战争还要损失人口呢。

南匈奴的内附可以说是北方草原游牧民族和南方农业民族的合作，不是历史的偶然；如果从人类历史发展、地理资源分布这种宏观的角度看，共存共荣才是历史的必然。

工业革命之前，所谓资源指的多是地面上的动植物，那时长城以南确实比长城以北富裕得多，所以北方草原游牧民族经常“南下牧马”以掠夺物资，因而经常发生战争。在战争中，双方牺牲的生命、物资，其实远远超过草原游牧民族所掠夺的物资。工业革命之后，人们对矿产的需求（包括煤、石油）日益增多，地下的矿产逐渐成为物资的重心，这时草原地区的物资显然多于农业地区。而且，自近代以来，武器的发展日益进步，其杀伤力远非古代刀、枪、箭、戟所能比拟。所以合作、依附就成为必然的选择，诉诸武力的结果大多是两败俱伤。

南匈奴呼韩邪单于和东汉光武帝合作之后，匈奴、汉人交界的北地、定襄及朔方等各郡，也就是大约今天的甘肃、内蒙古河套地区、沿旧长城的山西、河北北部一带的匈奴和汉人都能各安其居，各乐其业，双方人民自然交流，互相融合，新的、充满活力的族群慢慢出现。这个新族群既带有草原游牧民族豪迈、爽朗、进取的性格，又蕴含着农耕民族温文儒雅的个性，极富文化色彩。历史上的恩怨只是史书上的一段文字，新的族群只知把握当下，展望未来。

当北匈奴蒲奴单于率兵追截五个骨都侯时，南匈奴呼韩邪单于也领兵北上迎接，两军一战，南匈奴不敌，这时东汉的军队前来接应，北匈

和林格尔东汉墓壁画

墓主为东汉乌桓校尉。在这组壁画中，出现了不少乌桓、鲜卑人物

奴蒲奴单于一见苗头不对，立刻撤走，带着北匈奴部众向北撤了一千多里。南匈奴既已附汉，又往西迁徙到西河美稷一带，距大兴安岭东边的辽东也远了，这对分布在大兴安岭东端的乌桓、鲜卑而言，等于摆脱了两三百年匈奴的压迫，得以喘息和发展。

到了东汉时期，南匈奴归附中原，北匈奴又向西北迁徙。乌桓少了匈奴的剥削，人口和牲畜也有了增加。东汉适时加以争取，当时散居在辽西（今辽宁省锦州市西，东汉时称阳乐）的乌桓大人（乌桓部落首领的称谓）郝旦率领九百多人向东汉归顺，他本人还到洛阳朝觐。光武帝十分高兴，东汉的君臣认为，如果有大量的乌桓人归顺，可以让他们抵挡匈奴，于是大方给予封赏。依据来降人数多寡，分封各大人为王、侯、君长，一时之间封了八十多人，可见来降的乌桓人相当多。东汉让这些乌桓人入居塞内，分布于沿边各郡，并要他们招徕同族，由朝廷供给衣食，为朝廷担任侦察、警备北匈奴的任务。

这时是建武二十五年（49），也就是在这时，鲜卑开始和中原有所接触。鲜卑都护偏何曾于这一年助东汉抗击北匈奴，后来鲜卑都护于仇贲、满头等人更率众到京师洛阳请求内属，东汉便封他们为王、侯。

南匈奴附汉之初只有四五万人，经过了四十年左右，到了汉和帝永元二年（90）时，据相关文献记载，将北匈奴中陆续南来投降者，以及零星从战争中掠来的俘虏全都计算在内，这时南匈奴已经有三万四千户，二十三万七千三百多人，可动员的青壮年战士有五万人左右。只四十年人口就增加了四五倍，可见和平与安居乐业是人口增加的主要因素。

南匈奴大多分布在沿长城一线，与沿边各郡汉人杂居，据《晋书·北狄传》所称，南匈奴五万余落，初居朔方各郡，与汉人杂处。这里所说的落就是帐篷，每一落一般是以五个人计算，也就是一户五人，但是也有以一落十个人计算的。

南匈奴既然与汉人杂居，就免不了在生活习惯上彼此互相影响，胡汉文化渐渐交融，许多南匈奴贵族子弟多与汉人书香世家一样熟读经史，这些影响在后来五胡十六国时期都一一呈现出来。一般匈奴人民中有许多从游牧慢慢转向畜牧和农耕了。

第十章

南匈奴的列国时代

东汉的南匈奴政策

南匈奴自归附东汉后，生活安定，于是恢复了匈奴旧有的制度，分置左右贤王、左右谷蠡王、左右日逐王等职官，并协助东汉守卫北边朔方、北地、五原、云中、定襄、雁门及代郡等地，使东汉北方无忧。这几个北方边郡都以汉人居多，当时汉人或文献中的“胡”基本上是专指匈奴而言。在这些北方边郡里，胡汉杂居，使得南匈奴慢慢染习了汉族文化，汉人在生活中也融入了一些胡人的习俗，胡汉融合在默默地进行着。在东汉的一百多年里，南匈奴大致上可以说是与东汉和睦相处。

为了便于叙述南匈奴内部的情形，本文且把呼韩邪单于视为南匈奴第一任单于。他在汉文文献中叫呼韩邪单于，在匈奴社会则叫酉兮皿落尸逐鞮单于（48—56 年在位），之后传位给弟弟莫，号丘浮尤鞮单于（56—57 年在位）。再传位莫弟汗，号伊伐于虑鞮单于（57—59 在位）。汗崩殂后，又传呼韩邪的儿子适，号酉兮皿僮尸逐侯鞮单于，也就是第四任单于（59—63 年在位）。之后再传丘浮尤鞮单于莫的儿子苏，号丘除车林鞮单于（63 年在位）。之后传第四任单于酉兮皿僮尸逐侯鞮单于适的弟弟长，号胡邪尸逐侯鞮单于（63—85 年在位）。之后再传回给伊伐于虑鞮单于的儿子宣，号伊屠于闾鞮单于（85—88 年在位）。

之后传位给胡邪尸逐侯鞮单于长的弟弟屯屠何，号休兰尸逐侯鞮单于（88—93 年在位），是为南匈奴的第八任单于。休兰尸逐侯鞮单于即位后，任命第七任伊屠于闾鞮单于宣的弟弟安国为左贤王，左贤王向来是单于的继承人，只是安国这个人在匈奴社会里威望不高。那时在匈奴社会里最有威望的人是第四任单于西兮皿僮尸逐侯鞮的儿子师子，师子勇而有谋，之前的单于宣及现任的单于屯屠何都非常器重他，曾经多次派他领兵出击北匈奴，师子也常常得胜凯旋，获得单于的奖赏，东汉和帝也认为他是不可多得的人才，所以南匈奴国中普遍尊敬师子，都想归附于他。

休兰尸逐侯鞮单于屯屠何驾崩后，单于之位自然由安国嗣立。安国单于知道师子声望极高，怕自己坐不稳单于之位，就想杀了师子，以绝后患。师子在讨伐北匈奴和与其他民族作战时，俘虏了一些人口，这些被师子俘虏来的人对师子大多心存怨恨。安国单于便想利用俘虏杀了师子。师子得知安国的计划后，率领自己的部属到五原一带驻牧，即使单于庭集会也称病不参加。东汉度辽将军皇甫棱知道了这个情况，也对师子加以保护，不让他参加单于庭集会。安国单于奈何不了师子，只得怀恨在心。

次年，东汉和帝永元六年（94），东汉以执金吾朱徽替代皇甫棱为度辽将军。这时安国单于与东汉所派的使匈奴中郎将杜崇不和，安国单于就上书东汉朝廷。这件事被杜崇知道了，就让西河太守派人把安国单于的信使加以扣留，使安国单于的意见无法传达到东汉。

另外，杜崇又和新任度辽将军朱徽商量，向朝廷上书说：“南匈奴安国单于疏远自己的人民，而亲近俘虏来的北匈奴，又想杀掉极具威望的左贤王师子及左台且渠刘利（可知此时的匈奴已经有以刘为姓的贵族了）等人。此外，在右部新俘获的匈奴群众谋划胁迫安国单于起兵背叛朝廷，请朝廷对西河、上郡、安定各郡加强戒备。”

东汉和帝接到奏章后，要公卿大臣研议。大部分臣僚认为：“蛮夷边族反复无常，很难捉摸他们的动向，只要我们聚集大军，他们就绝对不敢叛离。当前应该派遣有谋略的使者到单于庭，与杜崇、朱徽及西河太守共同谋求对策，静观安国单于的动静。如果没有异象，就要杜崇等人和安国单于及其左右大臣集会，责备安国部下为非作歹者，该惩处就加以惩处。如果安国单于敢不听命，就由杜崇等人就当时情况做适当的处置，等事件平息之后再论功行赏。如此一来，也足以为其他四周地方政权做一个范例。”

于是，朱徽、杜崇等人率军北上。安国单于一听汉军将到，连夜弃帐而逃，并领兵攻打左贤王师子。师子早存戒心，得知安国单于率兵前来，立刻将所部人民和牲口都迁到曼柏城（今内蒙古自治区境内）。安国赶到城下，师子闭门不开，安国攻不进去。这时朱徽派属下长史告诫安国单于不可胡来，可是安国单于不听，曼柏城又攻不下，只好把部队带到五原屯驻。朱徽不肯让安国单于就此逍遥，引兵追赶而来，安国单于和部众大惊，深恐东汉大军一到，不免身首异处。这时安国单于的舅舅骨都侯喜为等人为避免大家遭殃就杀了安国单于，拥立师子就位单于，号亭独尸逐侯鞮单于，即南匈奴的第十任单于。南匈奴这场政治纷争至此才算落幕。

师子继立为新单于，南匈奴境内新降的各部落胡人中有五六百人心存不服，居然趁夜袭击单于庭。这时东汉使匈奴中郎将所属安集掾王恬率士兵与这五六百名叛胡作战而大胜，不料却让新降胡十五部的约二十万人心怀畏惧，以为王恬要杀尽新降的胡人，因此一下子全都叛变了，胁迫第八任单于屯屠何的儿子奥鞬日逐王逢侯为单于，并掠夺斩杀人民官吏，焚烧邮亭庐帐。这支叛乱队伍一路向北方前进，想越过大漠投靠北匈奴。

这年九月，东汉以光禄勋邓鸿为车骑将军，与越骑校尉冯柱、度辽将军朱徽一起率领左右羽林军、北军五校士及郡国迹射、缘边兵，另有乌桓校尉任尚也率乌桓、鲜卑兵四万人，共同讨伐这支叛军。当时南匈奴师子单于及中郎将杜崇屯驻于牧师城（今址不详），奥鞬日逐王逢侯带领一万多名骑兵围攻牧师城。

十一月，邓鸿等人所率大军到达牧师城附近的美稷，逢侯一看苗头不对，这才解了牧师城之围，转向满夷谷（今内蒙古自治区固阳县）而去。这时南匈奴师子单于率万余骑兵，杜崇率四千骑，会合邓鸿所率大军追击逢侯，杀了逢侯所部四千多人。东汉人任尚也率鲜卑都护苏拔廆、乌桓大人勿柯等共八千骑进击逢侯，在满夷谷大破逢侯之众，杀了七千多人。这时，逢侯率残兵败将向北落荒而逃，东汉的军队可能因为后勤补给不足而没有再向北追。到永元七年（95）正月，东汉军南返。从这次事件可以看出，南匈奴吸纳过多的北匈奴人众，对南匈奴而言未必是福，很可能因此埋下暴乱的种子。

自这次事件之后，东汉派越骑校尉冯柱统率虎牙营留屯五原，以保卫南匈奴。这次所动员的鲜卑、乌桓以及羌胡军队都解散了，各自遣返原驻牧地，以免另生事端。鲜卑都护苏拔廆因为从征作战有功而被东汉封为率众王，又赐以金帛。光禄勋车骑将军邓鸿因为有所逗留，以致部分战争失利，下狱而死。不久，东汉又察知度辽将军朱徽与使匈奴中郎将杜崇失和，而且要囚禁安国单于，逼安国单于反叛，因此都被下令处死，另以雁门太守庞奋为度辽将军。这次事件使东汉丧失三员大将，由此也可以知道处理边疆少数民族事务既有其特殊性又具有敏感性，稍不小心就会酿成大祸。

至于向北逃亡的奥鞬日逐王逢侯，他跑到漠北后，把人马分为左、右两部，自己率领右部屯驻在涿邪山（今蒙古国曼达勒戈壁附近）下，左部在朔方西北，两部相距几百里。到了永元八年（96），这左右两部互相猜疑，左部又回到朔方。东汉度辽将军庞奋大喜，接纳了他们，并加以慰勉。这时还有身强力壮的骑兵四千人、老弱妇孺一万多人统统向庞奋投靠，庞奋将他们分散安置在沿边各郡。后来逢侯部众被鲜卑偷袭，穷困不堪，纷纷逃入塞内求生。

就在这一年，南匈奴亭独尸逐侯鞮单于师子认为，右温禺犊王乌居战当初曾与安国单于同谋要杀自己，这时乱事已经平定，就要捉拿乌居战来问个明白，乌居战害怕，就带了几千名士兵逃往塞外。到了秋天，度辽将军庞奋、越骑校尉冯柱率兵追击，大破乌居战，又把乌居战所属人众及投降的胡人两万多人分散在安定、北地两郡，这两郡的胡、汉混融从这时候开始了。

南匈奴第十任单于师子在位五年（94—98），过世后由前单于胡邪尸逐侯鞮单于的儿子檀嗣立，号万氏尸逐鞮单于。这时南匈奴的力量已经逐渐衰微，相对而言，鲜卑、羌、氐等族却在逐渐壮大，东汉朝廷于是将注意力放在对付鲜卑等族上面，对南匈奴的控制相对的减少了一些。

和帝以后，东汉由盛转弱。安帝永初三年（万氏尸逐鞮单于十二年，109），有一个名叫韩琮的汉人随南匈奴单于到洛阳朝觐安帝。回程时，韩琮对南匈奴单于说："东汉关东地区遭逢水灾，那里的汉人几乎都死光了，正可趁机袭击东汉。"南匈奴单于听信了韩琮的话，于是发兵想要袭击东汉。

同年九月，南匈奴会合了乌桓率众王无何允与鲜卑都护丘伦等人，共聚集了七千多人来寇掠五原，与东汉太守在高渠谷（今址不详）大战。这一战东汉大败，南匈奴单于乘胜率兵于美稷围困住东汉所派使匈奴中郎将耿种。东汉朝廷闻讯后，在隆冬里诏令车骑将军何熙、副中郎将庞雄率五营及边郡士兵两万多人，之外又诏令辽东太守耿夔率鲜卑及诸郡兵，共同反击南匈奴单于。

战事延续到第二年，东汉还没有平定战乱，而南匈奴单于又遣一千余骑寇掠东汉常山（今河北省石家庄市正定县一带）、中山，东汉任命西域校尉梁慬为度辽将军，与耿夔会合，终于击破南匈奴。这时南匈奴单于见东汉数路大军并进，心里害怕，便问始作俑者韩琮：“你说汉人都死光了，那现在这些大军又是什么？”汉军如潮水般源源不绝而来，南匈奴再怎么顽强抵抗也只有死路一条，为了活命，南匈奴只好遣使向东汉乞降，东汉准许了。为了表示真心投降，单于还脱了帽子和靴子，对庞雄等汉将下跪请罪，东汉赦免了他，待之如初。南匈奴将之前所掳掠的汉人男女全都送了回来。

南匈奴的衰微

自东汉平复万氏尸逐鞮单于叛乱之后十多年，南匈奴与东汉之间并没有什么大事发生，东汉逐渐衰微，鲜卑、乌桓、羌、南蛮等少数民族则渐渐强大，使东汉穷于应付。

到了东汉安帝延光二年（万氏尸逐鞮单于二十六年，123），鲜卑首领其至鞬率一万多骑攻击南匈奴的曼柏城，南匈奴奥鞬日逐王战死，南匈奴一千多人被杀，可见南匈奴也已逐渐式微了。

次年，万氏尸逐鞮单于驾崩，弟弟拔蒯立为南匈奴第十二任单于，号乌稽侯尸逐鞮单于。

这时鲜卑日益强大，使东汉备感威胁，东汉度辽将军耿夔就与南匈奴温禺犊王呼尤徽合作，连年出兵讨伐鲜卑。他们所统领的兵多半是刚投降不久的各少数民族，对于连年征战苦不堪言。其中某部大人阿族因不堪其苦而想叛逃，于是就胁迫南匈奴温禺犊王呼尤徽一起叛逃。呼尤徽说：“不行，我已经老了，深受汉家恩惠，就是死也不能和你们一起造反。”阿族等人大怒，想要杀了呼尤徽，幸亏有人出手相救，呼尤徽幸免于难。阿族等人率众逃走，东汉中郎将马翼率兵追击，大破叛军，几乎把叛逃的人全部杀光。

自从南匈奴归附东汉之后，汉匈之间基本上没有大规模战争，原来的长城塞口、烽火台的功能也没有得到发挥，再加上东汉中叶以后朝纲不振，国力日衰，没有能力修缮长城，但东北地区的乌桓、鲜卑却日见壮大，时常侵扰边塞。

东汉顺帝永建元年（乌稽侯尸逐鞮单于三年，126），南匈奴单于见长城多处废坏，鲜卑乘虚而入，不胜其扰，就上书东汉朝廷，请求修缮长城，以保卫南匈奴的安全。历史是很诡谲的，想当初战国时期韩、赵、魏、燕、秦各国修筑方城，就是防止北方匈奴的入侵，后来秦统一了天下，将各国的长城连接起来，再向东、西延伸，就成了后世著名的万里长城，其目的也是阻止匈奴“南下牧马”。西汉时更是大力修缮长城，设立烽火台，东汉初期也是如此，都是为了防御匈奴。可是如今提出修缮长城的居然是匈奴。

南匈奴提出修缮长城的意见时，东汉顺帝也颇以为然，于是令沿边各郡驻军着手修缮，并且让他们屯列塞下，经常教习战射，其目的是耀武扬威，使那些前来窥伺的鲜卑、乌桓不敢轻举妄动，而这也凸显出此时南匈奴的国力已是何等衰弱。

之后二年，东汉顺帝永建三年（128），乌稽侯尸逐鞮单于崩殂，由他的弟弟休利嗣立，是为去特若尸逐就单于。这位单于即位后的第六年（顺帝阳嘉二年，133）三月，东汉使匈奴中郎将赵稠以他所属将领率南匈奴兵出塞攻击鲜卑，结果大胜。

到了东汉顺帝永和五年（去特若尸逐就单于十三年，140），南匈奴句龙王吾斯、车纽等人叛乱，入侵东汉西河，并且煽动南匈奴右贤王合兵围攻美稷，杀了东汉朔方、代郡的长史。东汉度辽将军马续与中郎将梁并等人率兵，并联合边郡以及羌、胡士兵两万多人予以反击，虽然解了美稷之围，但句龙王吾斯等人又聚众掠夺了其他城镇。

东汉顺帝以梁并为使前去指责南匈奴单于。对于这件事南匈奴单于并不知情，但他还是脱下帽子，离开单于的帐篷，亲自向梁并谢罪。不久梁并因病返回，朝廷改派五原太守陈龟代为使匈奴中郎将。陈龟认为这次事件是由于南匈奴单于不能好好地管理部下，于是逼迫南匈奴单于和他弟弟左贤王自杀，还想把单于的近亲迁到内地，以便就近看管，这么一来南匈奴人人自危。陈龟这种做法完全不合乎处理民族事务的原则，后来东汉朝廷知道了此事，立刻免去陈龟的职务，改以张耽出任。可是南匈奴右贤王部抑鞮等一万三千多人已经叛离东汉。

当时东汉大将军梁商曾经上书朝廷，详细剖析汉、匈的关系以及彼此的优势和劣势，认为处理南匈奴事务要以东汉之所长抗南匈奴之所短，也就是构筑坚固的城塞，避免长途远征，以免三军疲敝。同时对待南匈奴等少数民族要讲究恩信，只有这样才能招降他们。他又盛赞度辽将军马续就具备这种见识，建议朝廷用马续来招降南匈奴叛离之人。朝廷采纳了梁商的意见。马续凭着他的威望与恩信，果然让已经叛离的南匈奴右贤王部抑鞮等一万三千多人回来投降。

后来句龙王吾斯立车纽为单于，向东招来乌桓，向西引来羌、胡等一共几万人，攻破虎牙营，杀了上郡都尉及军司马，进而寇掠并、凉、幽、冀四州。东汉于是把西河郡迁到离石（今山西省西北部），上郡徙治夏阳（今陕西省韩城市），朔方徙治五原。由此可见句龙王吾斯的声势之大。

同年（顺帝永和五年，140）十二月，东汉派使匈奴中郎将张耽率幽州、乌桓诸郡兵出击车纽，双方在马邑这个地方相遇，一阵厮杀后，车纽所部被斩杀了三千多人，不少士兵都被张耽的军队活捉，车纽所部豪帅之一骨都侯投降。句龙王吾斯逃脱后还继续率领所部和乌桓之众寇掠东汉各郡。次年，张耽、马续再次率军出击句龙王吾斯的部众，这次吾斯还是逃了。再一年，吾斯聚集左奥鞬台耆、且渠伯德等以流寇方式寇掠沿边各郡，东汉也拿他没办法。

南匈奴自从去特若尸逐就单于被陈龟逼迫自杀后，一直没有推举出新单于。到了东汉顺帝汉安二年（143）才推举出原入侍东汉的南匈奴守义王兜楼储为单于，号呼兰若尸逐就单于。呼兰若尸逐就于是离开东汉京城洛阳，返回南匈奴就单于之位，东汉顺帝亲自颁给他南匈奴单于印玺，引他上殿，赐以车马、器服、金帛，并诏令太常（掌管宗庙祭祀、礼乐及文化教育的官员）、大鸿胪（掌管四周边疆民族及外国事务的官员）与诸国侍子在广阳门设宴款待。在这场盛大的宴会中，有音乐演奏、摔跤以及各种杂耍。呼兰若尸逐就原来的身份是侍子，在洛阳住了一段时间，必然熟悉汉人的文化习俗，可能也会说汉语，这种情形在匈奴史上应该是空前的。或许也因为这样，汉顺帝才以盛大的宴会欢送他回国出任单于，其目的当然是希望他担任单于之后能致力于维护匈、汉之间的和平。

呼兰若尸逐就单于在位五年（143—147）就崩殂了，由居车儿嗣立，号伊陵尸逐就单于。伊陵尸逐就的身份不详，不过依照南匈奴的习俗，要继承单于之位的人必须是冒顿单于的后代，否则就不会得到匈奴人民的认可。这种只重血统的认知一直被北方草原游牧民族奉行不渝，蒙古也是依循成吉思汗铁木真的规定：凡是继承蒙古大汗的必须是成吉思汗的子孙，成吉思汗这一系就被称为“黄金氏族”，所以称霸中亚的帖木儿大帝始终不敢称蒙古大汗。后来准噶尔的噶尔丹威震中亚，统治天山南北，还一度占据漠北喀尔喀蒙古，但他同样也不敢称蒙古大汗。像这种唯血统论的继承法则是由匈奴奠定下来的，所以称匈奴是行国（指逐水草而居的游牧生活）的始祖，是比较确切的。

伊陵尸逐就单于九年（桓帝永寿元年，155），左奥鞬台耆、且渠伯德等人起兵造反，入寇美稷，这时另一支游牧民族东羌也起兵响应。当时东汉安定属国都尉张奂刚刚到任，手中可用的士兵只有两百多人。张奂见南匈奴左奥鞬台耆、且渠伯德等起兵入寇，便勇敢地召集这两百多名士兵，准备应战，他身旁的人都以人数太少为由极力劝阻，可是张奂不听，就率领这两百多名士兵屯守长城。张奂派手下将领王卫招诱东羌，东羌诸豪酋经王卫游说后，态度转变，张奂就进驻龟兹（今新疆维吾尔自治区阿克苏地区和巴音郭楞蒙古自治州部分地区），阻绝了东羌与南匈奴的交通。东羌豪酋见已经无法与南匈奴联络，反过来与张奂合作，共同攻击南匈奴左奥鞬台耆，张奂大胜。且渠伯德听说左奥鞬台耆大败后，也向张奂投降。

到了伊陵尸逐就单于十二年（桓帝延熹元年，158），南匈奴各部又叛变，而且联合了乌桓、鲜卑，分别入侵东汉沿边九郡，东汉以京兆尹陈龟为度辽将军，又以张奂为北中郎将，一起讨伐南匈奴、乌桓、鲜卑。这时南匈奴等兵多势众，一度火烧度辽将军辕门。一时间烟火相望，东汉兵众心慌意乱，竟想逃走，可是张奂却一派大将模样，安坐于帷幄之中，指挥若定。士兵见主帅如此镇定，显然胸有成竹，胜券在握，于是军心安定了下来。张奂派人暗中诱降乌桓，并与乌桓建立了两个协定，采取各个击破的方式，终于击破了叛乱的南匈奴。

张奂认为伊陵尸逐就单于没有能力领导南匈奴，就扣留了伊陵尸逐就单于，另立左谷蠡王为单于。可是东汉桓帝却下诏以《春秋》大义认为伊陵尸逐就单于一心向汉，部下叛乱与他无关，于是又将伊陵尸逐就单于放了回去，依然让他做单于。

伊陵尸逐就单于二十年（桓帝延熹九年，166），东汉任张奂为大司农。鲜卑见能征善战而又有谋略的张奂将要离开边疆，认为机会来了，就联络南匈奴、乌桓寇掠东汉武威、张掖一带，侵扰河西地区，迫使东汉以张奂为护匈奴中郎将，加九卿的荣衔，对付这次叛乱。南匈奴、乌桓等一听张奂又回来了，心里害怕，又向张奂投降，来降的一共有二十多万人口。张奂只杀了为首的几个豪酋，平定了这次乱事。

伊陵尸逐就单于二十六年（灵帝熹平元年，172），伊陵尸逐就驾崩，单于位由他的儿子嗣立，号屠特若尸逐就单于。东汉这时已经进入尾声，国势衰微，双方都没有什么大事。

屠特若尸逐就单于在位七年后崩殂（172—178），由儿子呼征嗣立，只在位两年（178—179），就因为与东汉中郎将张修不和而被张修所杀，改立右贤王羌渠出任单于。

羌渠在位十年（179—188），也被部下所杀，由他儿子于扶罗嗣立，号持至尸逐侯单于。这时南匈奴内部不服，另行拥立骨都侯为单于。于扶罗想到东汉朝廷申诉，正好遇上东汉灵帝驾崩，天下大乱，于扶罗不得要领，就率领几千名骑兵与内地盗贼一起打家劫舍，可是也没抢到什么东西；于扶罗想回南匈奴，南匈奴人又不接受他，最后只好留在东汉。

《徙戎论》

东汉献帝兴平二年（195），于扶罗去世，于扶罗之弟呼厨泉嗣立为单于。呼厨泉自认为匈奴祖先多次娶汉室公主为阏氏，是汉朝的子孙，而汉王朝姓刘，所以他也改姓刘氏。从他以后，南匈奴世系就不明了。不久之后，曹操又将匈奴分为五部，跟汉人一样，视同为编户。

中原方面，东汉灭亡后（220），很快进入三国时代，彼此攻伐不已，根本无力处理南匈奴问题，而南匈奴内部也是一团乱麻。曹操让南匈奴进入长城，编组为五部，分别是左、右、南、北、中，各设一个都尉，大约在今山西省北部和陕西省中东部，总人口约有三万落。每落有的文献认为是五人，也有的文献说是十人，所以三万落则有人口十五万到三十万之多，这个数字在当时看已经相当可观，依据商务印书馆出版、魏励所编的《中国文史简表汇编·中国历代人口简表》所列，东汉桓帝时的全国人口只有五千六百四十八万人，所以三十万人在山西一地，已经占相当大的比例了。

后来司马炎统一天下，建立西晋（265）。塞外匈奴两万余落来降，西晋将他们安置在河西宜阳城下，与汉人杂居，于是平阳（今山西省临汾市一带）、西河（今陕西省东部黄河西岸地区）、太原、新兴（今山西省忻州市）及上党（今山西省长子县）诸郡，都有匈奴人分布其间。

十五年后，晋武帝太康五年（284），又有匈奴两万九千三百人来降。太康七年（286），又有十万匈奴人到雍州（今陕西、山西南部一带）来降，次年有南匈奴都督率一万一千五百名匈奴人来降，西晋都让他们散居在塞内。当时西晋总人口还不到一千万，而上面所说的匈奴人已经近六十万，这时长江流域及其以南的人口已经比北方多了，所以这六十万匈奴人在山西、陕西所占的比例就非常大。除了匈奴，还有鲜卑、氐、羌、属于广义匈奴的羯和已经被列为“杂胡”的乌桓，此外还有泸水胡（以往也被视为匈奴）。总之，西晋时期，在今华北和内蒙古一带，胡汉杂居的情况已经很普遍了。

西晋人江统曾经估计“关中之人，百余万口，率其多少，戎狄居半”（《晋书·江统传》），所以认为问题已经非常严重，因此上书朝廷，建议把戎狄迁到塞外，这就是有名的《徙戎论》。然而西晋并没有如此处理，事实上也无法处理，试想世界上有哪一个民族是带着土地来的？什么律法规定黄河流域必须是汉人的，更何况什么是汉人？任谁都无法给出一个标准而正确的答案。如果要深入探讨这个问题，可能要“令唯汉族主义者”泄气了。所谓“汉人”或“汉子”一词，最早出现在五胡十六国时代，也就是以前常称的“五胡乱华”时代。在北方胡族所建立的国家，统治阶层当然是胡人，被统治而人数众多的魏晋之人被认为是次等人，是贱民，称为汉人或汉子，带有轻视的意味。所以要把戎狄迁出塞外，是不可行也行不通的。

前面说过，南匈奴被曹操分为五部，南匈奴单于于扶罗的儿子刘豹后来为匈奴左部帅，其子刘渊字元海，西晋时以“侍子”身份来到洛阳。刘渊轻财好施，善交权贵，再加上他熟读经史，所以很快便在西晋的朝野上下获得很高的社会地位和评价。晋武帝召见刘渊后就曾加以夸赞说：“刘元海容仪机鉴，虽金日磾无以加也。”可见他不只仪表非凡，而且有真才实学。

当时三国的孙吴政权依然在江东称王，朝廷曾有意让刘渊领兵前去平定孙吴，可是却有一些大臣觉得他是匈奴人，可能会拥兵自重靠不住。如孔恂、杨珧等人就向朝廷上书说：“臣观元海之才，当今惧无其比，陛下若轻其众，不足以成事，若假之威权，平吴之后，恐其不复北渡也。非我族类，其心必异。任之以本部，臣窃为陛下寒心。若举天阻之固以资之，无乃不可乎？”（《晋书·刘元海载记》）

刘渊的才华绝非虚有其名，可是晋武帝采纳了孔恂、杨珧的建议。后来西北有羌族叛乱，晋武帝又想让刘渊去完成平叛的任务，可是最终仍然以同样的理由给否决了。虽然刘渊没能为西晋立下战功，但他的才华得到了各方的肯定。

刘渊建汉赵

西晋统一天下后，没有重视对待南匈奴的政策。匈奴原是游牧民族，是部落组织，社会结构仍然停留在以血缘为基础的氏族形态。自曹魏、西晋以来，南匈奴被视同汉人一样，以地方组织作为社会结构的基础，破坏了匈奴原有的氏族结构，引起了南匈奴五部的极大反感。晋武帝在世时，毕竟是开国之君，武力强大，可是到了晋惠帝（290—306 年在位）时，情况就不一样了。晋惠帝天性痴愚，几乎没有治理国家的能力，因此在他任内发生了司马氏宗室八王之乱。南匈奴五部认为这是上天赐给匈奴的机会，可是大家共同认可的领袖人物刘渊却还像人质一样待在洛阳，于是南匈奴派人潜入洛阳告诉刘渊，说五部愿推举他为匈奴大单于，只等他脱身回来就可以起事了。这时八王兵戎相向，成都王司马颖实力稍逊，落于下风。刘渊趁机告诉司马颖，如果让他回到自己的部落，他就可以动员南匈奴军队，以助司马颖一臂之力。司马颖正苦于自己兵力不足，一听刘渊可以带来“外援”，当然非常高兴。

在司马颖的协助下，刘渊回到了南匈奴驻牧地，被南匈奴五部推举为大单于。他发表了一篇十分精彩的文告：“夫帝王岂有常哉，大禹出于西戎，文王生于东夷，顾惟德所授耳。今见众十余万，皆一当晋十，鼓行而摧乱晋，犹拉枯耳。上可成汉高之业，下不失为魏氏。虽然，晋人未必同我。汉有天下世长，恩德结于人心，是以昭烈崎岖于一州之地，而能抗衡于天下。吾又汉氏之甥，约为兄弟，兄亡弟绍，不亦可乎？且可称汉，追尊后主，以怀人望。”（《晋书·刘元海载记》）

这一篇文告表明了刘渊对中原王朝的态度：第一，因为和亲的关系，匈奴单于的子孙等于是汉帝室的外甥。第二，早期汉匈之间曾互为兄弟，而兄终弟及是三代时的常规。第三，基于以上两点理由，他并不外绝于中国，而认为自己的政权是西汉、东汉和三国蜀汉的继承者，所以定国号为汉，表示对中国的认同。第四，他将追尊蜀汉后主刘禅。

于是，刘渊在西晋惠帝永兴元年（304）自称汉王，建元元熙。胡人建立起中原式的政权，以匈奴族的刘渊开其先河。四年后（永嘉二年，308）刘渊即皇帝位，改元永凤，从此正式拉开胡人建立中原式政权的序幕，这在历史上当然有其特殊的意义。

刘渊称帝之后，以蒲子（今山西省临汾市隰县东北）为都，一时之间势如破竹，几乎拥有整个华北及今内蒙古部分地区。在这个疆界之中，当然是汉人居多，可是统治阶层是匈奴人，此外还有许多其他的胡人，所以在体制上采取了双轨的政治制度，即以汉魏传统制度治理汉人，对包括匈奴在内的草原民族则以草原部落组织加以管理。

这一套双轨政治制度在中国历史上是空前的创举，之后的五胡十六国，乃至契丹的辽、女真的金、蒙古的元以及女真的清都采用了这种双轨的政治制度。这套双轨政制对处理多元民族问题具有正面的功能，是匈奴对中国历史的诸多贡献之一。

刘渊建立的“汉”政权，历经刘和、刘聪及刘粲之后，被刘渊的侄子刘曜所篡，改国号为赵。几乎所有的历史文献都把刘渊所建的政权称为“前赵”，这是为了区别稍后羯族石勒所建的后赵政权。其实把刘氏政权称为前赵是不合适的，刘渊在称帝的文告中明确说明他所建的政权是“汉”，后来刘曜才改为赵，可是政权的本质并没有改变，所以称之为“汉赵”才算名实相符。汉赵政权后来被羯族的石勒所灭，一共传了四主，享祚二十六年（304—329）。汉赵既是五胡十六国的第一个政权，也是少数民族所建汉魏式王朝的第一个政权。

赫连勃勃建夏

继刘渊建汉之后，第二个由匈奴所建的汉魏式政权是刘勃勃建立的夏，刘勃勃的远祖也是冒顿单于。刘勃勃字屈孑，据史传所载，他身高八尺五寸，当时一尺约等于今日的二十四点五厘米，所以他的身高大约是今天的两米，比普通人高出许多。他不但身材高大，而且“美姿仪”，可以说是“其人颀长，相貌堂堂”。

东晋孝武帝太元八年（前秦建元十九年，383），前秦苻坚败于淝水之后，北方各民族纷纷脱离前秦的控制。这时刘勃勃的父亲刘卫辰占有朔方一带，而且有控弦之士三万八千多人，在当时算是一股不小的力量。那时鲜卑族的拓跋珪已经建立北魏政权，势力正如旭日初升，锐不可当。刘卫辰自不量力地与北魏争锋，结果被杀，刘勃勃因此逃奔叱干部（鲜卑的一族）。这时各少数民族部落都降附于北魏，所以叱干部的首领他斗伏想要把刘勃勃送到北魏。尽管他斗伏的侄子阿利认为刘勃勃家破人亡前来投奔，把他抓了送去北魏不是仁者该做的事，但他斗伏怕北魏责怪，最后还是把刘勃勃送到北魏。当时北魏的都城在平城，阿利竟然派人在押送途中救出刘勃勃，然后把他送到羌族姚兴（建立后秦政权者）的部

北魏骑马武士陶俑

陕西省西安草场坡出土，现藏于中国国家博物馆

属高平公没奕于（或作没奕干）处。没奕于见刘勃勃仪表堂堂，英气逼人，就把女儿嫁给他，原来像丧家之犬的刘勃勃这下有了安身之地。

后来，后秦姚兴见到刘勃勃，也欣赏他的仪表和谈吐，对他礼敬有加，拜为骁骑将军，加奉车都尉（皇帝参乘的侍从官，是接近皇帝的武官），后来更任命刘勃勃为安远将军，并且封为阳川侯，让他协助其岳父没奕于镇守高平（今山西省晋城市内），还把朔方一带的各族人民及刘卫辰原来的部属人民三万多人都配属给刘勃勃。

原本就富有野心的刘勃勃有了部众后如虎添翼，而姚兴的弟弟姚邕以及羌族权贵都力劝姚兴："刘勃勃对长上无礼，对部属残忍，不念旧情，只知利害，过分宠信，终将成为后患。"姚兴仔细回想，刘勃勃确实有这些缺点，这才稍微对刘勃勃有所疏远，不过仍然封他为持节安北将军、五原公，再赐给他三交（今陕西省榆林市西）的五部鲜卑及杂胡两万余落，刘勃勃一下子有了二十几万部属，形成一支很可观的力量。这时是东晋安帝义熙二年（后秦姚兴弘始八年，406）。

与此同时，北魏的力量急速发展，后秦眼看无法与之抗争，便不得不与北魏议和。这下惹怒了刘勃勃，因为他的父亲刘卫辰就是被北魏所杀，于是刘勃勃先杀了岳父高平公没奕于，之后正式叛离后秦，在东晋义熙三年（后秦姚兴弘始九年，407）自称天王、大单于。刘勃勃自认为匈奴是夏禹的后代，所以定国号为夏，建元龙升，完全仿照汉魏制度设置机构，任命文武百官。就这样，又一个匈奴民族所建的汉魏式王朝成立了。

刘勃勃建立政权之后，认为他的刘姓是由于匈奴与汉朝和亲，所以从母姓，这不符合中国的传统礼俗，从此也可看出刘勃勃虽然是匈奴人，可是总以中国人自居。既然从母姓不妥，所以要改姓，从此称赫连勃勃，而他所建立的政权也以赫连夏称之。

以往一般人都以为“赫连”是匈奴语的音译，但从他的改姓诏书来看，“赫连”这个姓是汉姓，就像曾经被封“公”这种爵位的人，他的后代就可以“公孙”为姓一样，是有意义的复姓，而不是匈奴姓的音译。

赫连勃勃为人残酷，但也极其聪明，他起兵叛离后秦不久，就侵入姚兴的三城（约今陕西省延安市东南）以北各地。那时赫连勃勃的手下力劝他守高平并以之为都，然后再图发展，可是赫连勃勃却认为：“国

刘勃勃改姓诏

朕之皇祖，自北迁幽、朔，姓改姒氏（夏禹姓姒，刘勃勃自认为是夏禹之后），音殊中国，故从母氏为刘。子而从母之姓，非礼也，古人氏族无常，或以因生为氏，或以王父之名。朕将以义易之。帝王者，系天为子，是为徽赫，实与天连，今改姓曰赫连氏，庶协皇天之意，永享无疆大庆。（《晋书·赫连勃勃载记》）

家初建，根基未固，姚兴也是一时之选，关中一带（今陕西中部到甘肃东南）他人根本就别想染指，而且后秦各镇将士都很认真地防守，如果固守一地，后秦一定全力攻我，我们恐非其敌，很快就会被他们所灭。所以我以游击方式，他如果守东，我们就攻其西；他如果守前，我们就击其后，让他们防不胜防而疲于奔命，我们则优游自在，掌握主动，相信不出十年，岭北、河东都将为我所有。”他这一番话充满了战略上的智慧，与近代许多战略专家所提出的游击战不谋而合。不只如此，赫连勃勃还认定：只要姚兴一死，他的王位传至儿子姚泓这个不成才的家伙，到时长安就唾手可得了。

姚兴过世后，部属就劝赫连勃勃趁机拿下长安，但是赫连勃勃了解当时的“国际”形势，南渡后的东晋有一股北伐的气氛，东晋权臣太尉刘裕为了厚植自己的实力，更是不遗余力主张北伐，而且身体力行，在东晋义熙六年（410）亲自率兵北伐，灭了由鲜卑慕容德所建的南燕（今山东西部）政权，生擒南燕皇帝慕容超，带回东晋都城建康（今江苏省南京市）后杀之。所以后秦姚兴一过世，刘裕必然还会北伐。赫连勃勃深信，刘裕绝不甘心只做个中兴名臣，迟早会篡夺东晋皇帝宝座，要想篡位就必须建旷世奇功，这个旷世奇功莫过于消灭后秦，夺回长安古都。所以刘裕必伐后秦，而且以他的决心和兵力，姚泓绝对不是对手。等刘裕夺下长安后，一定会赶回东晋都城建康谋夺皇位，只留下儿子刘义真镇守。刘义真难堪重任，所以赫连勃勃到那时再出兵夺取长安就易如反掌了。后来的一切发展都如赫连勃勃所料，由此可见赫连勃勃过人的聪明才智。

赫连勃勃生性残忍，杀人如麻，赫连夏凤翔六年（东晋义熙十四年，418），赫连勃勃攻下长安后大肆杀戮，把斩杀下来的人头筑成景观，号称髑髅台，又筑坛灞上（今陕西省西安市内），并在这一年正式称帝，改元昌武。

匈奴遗迹统万城

赫连勃勃还有一件值得一提的大事，就是在凤翔元年（东晋义熙九年，413），赫连勃勃在朔方水北、黑水之南营建都城，以便“君临天下，统御万邦”，因此将此城取名为“统万”。朔方水即为无定河，这条河因为河水流徙不定，故有此名。朔方水源于今内蒙古自治区鄂尔多斯市乌审旗境内，虽然不是什么源远流长的大河，却是古往今来有名的战场，多少青年男子埋骨于此，所以在历史上颇有名气。

赫连勃勃选在无定河畔建筑统万城，自有其眼光独到之处，而这座统万城的建筑方式更是匠心独具，可谓巧夺天工。统万城在四周城墙修建了前所未有的“马面”。所谓“马面”，在北宋沈括所著《梦溪笔谈》中有详细的解释。一般城墙与地面都呈垂直状态，敌人一旦靠近城墙，会形成死角，所以必须把墙筑得很厚，这样是对人力物力的极大浪费，因为即使城墙再厚，敌人一旦躲在死角，守城者就无可奈何，假以时日，再厚的城墙也有被挖破的一天。马面的设计就是要消灭这个死角，也就是在普通城墙的基础上，每隔一段距离向外凸出筑一道墙，这样只要站在这个凸出部分防守，就可以将原来的死角处看得一清二楚。这种空前的设计在建筑学上有重要的价值。

统万城从凤翔元年开始修建，到凤翔六年宣告完工。北魏人郦道元在所著的《水经注》中就曾提到统万城，而且说它“崇墉若新”，此时距离统万城的建筑已经一百年了。北宋沈括曾任延州知事，他亲自到过

统万城遗迹

赫连夏都城，在今陕西省榆林市靖边县红墩界镇白城则村的红柳河北岸。统万城始建于东晋义熙九年（413），一直延续使用至宋太宗淳化五年（994），后因城周围为沙漠所覆盖，遂成为废墟

统万城，当时这座城还完好如初，那时统万城已经建成五百多年了，若非坚固无比，怎禁得起五百多年风霜雨雪的侵袭？但是对铺天盖地而来的滚滚黄沙，统万城就无能为力了，如今的统万城已经被黄沙吞噬。

赫连勃勃所建的赫连夏，一共传了三主，共二十五年（407—431）。

羯族石勒的后赵

除了刘渊和赫连勃勃建立的这两个政权外，南匈奴还建有其他政权。以往几乎所有文献都说“羯族”是匈奴的别部，所以也都看作是匈奴。这种说法或看法虽然不能说是全错，但也不是绝对正确的。人们谈到羯族的起源时，总说此族源于上党武乡羯室，然而事实并非如此，此处仅做简单的分析，我们就会知道传统的说法大有问题。

据《魏书·羯胡石勒传》记载：羯族石勒其先匈奴别部。所谓匈奴“别部”，就是说羯胡不是匈奴，只是被匈奴统治的一个民族或一个部落。匈奴在冒顿、老上、军臣这三位单于的任内是武力最强盛的时代，当时无论是天山南北或远到今天中亚的阿姆河、锡尔河之间，这个广大地区的各个民族都受匈奴控制。中亚当时有石国、康居、大小曹、史国等，这些国家将骁勇善战的勇士称为柘支、赭时或柘羯，匈奴攻到中亚时，将一群柘羯掳掠到匈奴来，成为匈奴的一部，集中安置在上党武乡的某一个地方，由于这个地方住的都是柘羯人，所以就把这个地方称为“羯室”，后人反过来说羯族源于羯室，这是倒果为因的说法，不足采信。

如果再进一步看，中外学者几乎一致认为匈奴族是蒙古人种，也就是通常所说的黄种人，匈奴人在体质特征上与汉族人、蒙古族人差别不多，但是在匈奴进入西域前，生活在西域的各民族都是高加索人种，也就是白种人，他们的体质特征是“深目、高鼻、多须”，这种体质特征在羯族人的身上都能找到，《晋书·石季龙载记》就指明羯族有这种体质特征。体质特征是天生的，无法造假，羯族不是匈奴可以说是铁证如山了。

不只从体质特征上可以证明羯族不是匈奴。从语言上看，羯语也不说匈奴语，且看南朝梁僧人释惠皎所著《高僧传》，其中卷九《神异上》就说：当石勒与汉赵刘曜作战时，刘曜率大军攻洛阳，石勒只有少量的兵，想亲自拒战，由于兵力相差太多，石勒部下都加以劝阻，石勒就请教西域高僧佛图澄，佛图澄说：“刚从铃声中听到‘秀支替戾冈，仆谷劬秃当。’”这是羯语，意思是只要石勒的大军一出动，就会活捉刘曜。这里明确指出“秀支替戾冈，仆谷劬秃当”是羯语，如果石勒或羯族是匈奴族，为何不直接说匈奴语呢？所以再次证明羯族不是匈奴，其族源来自今天的中亚，是白种人的一支。

除此之外，羯人严格说只是中亚人，因为善战者在中亚被称为柘羯，所以这些柘羯被匈奴掳来东方后，就被简称为羯族。羯族聚居在上党武乡，保留了自己的语言和习俗。例如中亚的葬俗是以火葬为主，而匈奴或汉人都没有火葬之俗，但羯族仍然保有火葬之俗。

以上所说的这些即可证明羯族不是匈奴，但因其长期归附于匈奴，因而被视为匈奴别部，所以古往今来许多文献都误认为羯族是匈奴的一支。

羯族首领石勒的身世极为坎坷，他小时候曾被卖为奴隶，后来逃走了。逃亡的时候有一批同时被卖为奴隶的羯人跟随着他，他就带领这批人投靠了西晋人汲桑。汲桑可能知道这些羯人的祖先来自西域石国（今乌兹别克斯坦首都塔什干，Toshkent，其意即为石头城），就让他们以石为姓。

中国古代中原王朝的人有个习惯，有外国人来华时，总是以他原来的国名或地名作为姓。例如，来自康国的就让他姓康，来自月支的姓支，来自曹国的姓曹，来自石国的当然就以石为姓了。

石勒虽然目不识丁，但是却极其聪明，而且英勇善战。他有了自己的部属之后，力量慢慢壮大起来。这时南匈奴刘渊刚刚建立汉政权，开疆拓土，急需人才，于是石勒投奔刘渊。石勒足智多谋而又能征善战，刘汉政权的大半版图都是靠石勒打下来的。对于刘渊，石勒还算敬畏，可是刘渊死后，帝位辗转传到刘曜手里，石勒可就不服气了。

为了笼络石勒，刘曜拜石勒为太宰、大将军，增封七郡（之前石勒已领有二十郡），出入警跸，冕十二旒，乘金银车，驾六马，让石勒的地位等同于东汉晚期的曹操。但是石勒根本看不起刘曜，再加上汉赵的江山大部分是他打下来的，久而久之，石勒就想南面称帝。刘曜这些虚名的赏赐岂能满足石勒的欲望。

石勒曾说："帝王之起，岂有常邪，赵王、赵帝，孤自取之，名号大小，岂其（指刘曜）所节邪！”于是就以自己所统辖的二十多个郡、二十九万户自立为赵国。后代史家为了区分，就称刘曜的赵为前赵，石勒的赵为后赵，时为东晋成帝咸和三年（328）。

尽管石勒不认识字，但他常命左右给他读《春秋》《史记》及《汉书》等史书，当他听完一件史事，就会做出一些评论，居然都能与古书所载相同，他的智慧可见一斑。近代史家吕思勉曾在其所著的《两晋南北朝史》中称赞石勒：“在五胡之中，石勒确可称之为一人物，……而于中国情形，颇能了解也。”这是相当公正的评论。

石勒建立赵政权之后，沿用汉赵的双轨政制模式，也就是以汉人传统的原则治理汉人，对包含羯族在内的各少数民族则以少数民族的传统习俗进行治理。

石勒称帝后，将国都自襄国（今河北省邢台市）迁往邺城（今河北省邯郸市临漳）。后来还灭掉汉赵，几乎统一北方。石勒有意与东晋进行和谈，所以修书并遣使赴东晋。据《晋书·成帝本纪》所载：“石勒遣使赂，诏焚之。”可见石勒确有修好之意。但东晋烧了石勒的国书，和解修好之议也就不了了之。

石勒以羯人及其他少数民族的青壮年组成禁卫军，交由养子石虎统率。石虎与石勒有时也以兄弟相称，在石勒打天下的过程中，石虎出力最多，深得石勒重用。石勒信佛，非常崇信西域高僧佛图澄，他认为佛陀是戎狄之人，而羯族也是戎狄之人，所以崇信戎神自有其道理。石勒重用佛图澄，在佛图澄的一再劝说下，他残忍好杀的个性改了不少。

东晋咸和八年（333），石勒过世，后赵帝位几经争夺，最后由手握重兵的石虎夺得。石虎更加残酷好杀，太子石邃都被他所杀，而且石虎不恤民力营造宫室，后赵因此民不聊生。石虎死后，国内大乱，石虎的养子汉人冉闵率兵造反，凡是具有“深目、高鼻、多须”特征的羯族人都杀，一时竟杀了二十多万人。后赵亡，总计传了五主，共二十四年。

沮渠蒙逊的北凉

卢水胡沮渠蒙逊曾建有北凉政权。历来提到沮渠氏的北凉时，都将其列为匈奴系，《晋书·沮渠蒙逊载记》是这样记载的："沮渠蒙逊，临松卢水胡人也，其先世为匈奴左沮渠，遂以官为氏焉。"

这段记载明确指出沮渠蒙逊为临松卢水胡人，后面又说他的祖先是匈奴左沮渠，所以以官名为姓。如果再仔细阅读《史记》和《汉书》，匈奴的官职只有左右贤王、左右谷蠡王、左右大将、左右大都尉、左右大当户及左右骨都侯等，并没有左右沮渠，但是《晋书》所列的匈奴官职就有沮渠这个名称了，由此可知沮渠是西汉以后匈奴新增加的官号。

匈奴可以视为一个民族称号，是由许多民族融合而成，纯粹匈奴血缘的人可能不多，单于的挛鞮氏、呼衍氏、须卜氏、兰氏及丘林氏等很可能就是构成匈奴的主要氏族。之后由于匈奴武力增强，逐渐吞并邻近各民族，像滚雪球般愈滚愈大，由近而远，愈吞并愈多。由于匈奴强大，威名远播，这些被吞并的民族也愿意以匈奴民族自居，如《汉书·卷九十四》就明载：匈奴进入西域后，"楼兰、乌孙、呼揭及其旁二十六国皆已为匈奴，诸引弓之民并为一家"，可以看出这些被并入匈奴（也就是被征服）的各民族都以匈奴自居。从这里我们可以推测，沮渠部也是被匈奴并入的一个民族，由于人数众多，就分为左、右两部，各设一个沮渠的官职来管理这些并入的沮渠人，时间一久，难免吸纳了许多匈奴的语言、习俗，后人不察，以为沮渠就是匈奴，这种看法其实是不正确的。

近代已经有一些史学家渐渐明白沮渠不是匈奴，而将之列为“杂胡”，所以沮渠不是匈奴的观点已为学术界所接受。由于以往总把沮渠当作匈奴的一部分，所以这里把沮渠蒙逊所建的北凉酌加介绍。

卢水胡沮渠部起初都臣服于由氐族吕光所建立的后凉，沮渠蒙逊的伯父沮渠罗仇、沮渠麴粥曾经随同吕光攻打河南，吕光大败后，麴粥就劝罗仇趁机自立门户，但罗仇则以“我们沮渠家族向以忠孝传家，所以四方之人都来归附，宁愿别人辜负我们，我们绝不辜负别人”为由，不听麴粥的劝告。不久之后，罗仇竟被吕光所杀，受牵连而被杀的同宗、姻亲达一万多人。

沮渠蒙逊趁机鼓动群众，脱离后凉吕光的控制，一开始只有一万多

酒泉

汉武帝元狩二年（前121），霍去病与匈奴作战时大胜，武帝赐美酒作为犒赏，霍去病将酒倒入金泉之中，与众将士共享。此地因此更名为“酒泉”

人附和，由于实力还不足以自立，所以暂时依附后凉建康（今甘肃省张掖市高台县）太守段荣，屯聚金山（今甘肃省张掖市山丹县），并鼓动段荣建元立号，称使持节、大都督、龙骧大将军、凉州牧及建康公，建元神玺，史称北凉。后来沮渠蒙逊运用各种手段杀了段荣，夺得北凉政权，自称大都督、大将军、凉州牧及张掖公，改元永安，时为东晋义熙六年（410）。

沮渠蒙逊夺得北凉帝位后，见鲜卑拓跋氏所建立的北魏气势如虹，北凉一隅之地绝非其敌，必得先找退路，鉴于当时的“国际”形势，只有向西域发展。但是未及实行，沮渠蒙逊就过世了，王位由他的儿子沮渠牧犍（或作沮渠茂迁）嗣立。

当时北魏正积极向外扩张，于太武帝太延五年（南朝宋元嘉十六年，439），出兵讨伐北凉，北凉不敌，降于北魏，于是有史家以此年作为北凉政权的结束。其实不然，沮渠牧犍虽然降于北魏，可是他的弟弟沮渠无讳时任北凉征西将军、沙州刺史，掌管建康以西北凉军事，领酒泉太守，可以说是北凉在建康（今甘肃省张掖市高台县）以西最高军政长官，因此吸引不少沮渠贵族前来投靠，也就是说今天的甘肃省西部仍在沮渠氏的控制之下。北魏当然不允许这种情况存在，正要出兵讨伐时，位于北魏北方的另一支游牧民族柔然却趁机南侵，逼近北魏国都平城，北魏不得不回师援救。这又给了北凉政权喘息的机会。由于之前北凉就有向西域发展的构想，于是沮渠无讳就派弟弟沮渠安周率兵攻打鄯善（今新疆维吾尔自治区吐鲁番市鄯善县）。

后来沮渠无讳不敌北魏，率众向西依附已立足于鄯善的沮渠安周，之后又出兵攻下高昌，北凉又在西域延续了几年。直到北魏文成帝和平元年（南朝宋大明四年，460），柔然攻打高昌，杀了沮渠安周，至此北凉才算真正灭亡。总计传了四主，共六十年，在五胡十六国中算是享祚比较长的政权。

第十一章

北匈奴的迁徙

北匈奴控西域

南匈奴单于乌珠留若鞮驾崩后，单于位传给弟弟乌累若鞮，之后再传给弟弟舆（新莽天凤五年，18），舆嗣位号呼都而尸道皋若鞮单于，封异母弟、王昭君之子智牙师为右谷蠡王；乌珠留若鞮长子比为右奥鞬日逐王；自己的儿子蒲奴为左贤王，准备日后接任单于位。但呼都而尸道皋若鞮单于深恐才华洋溢的智牙师将来会威胁他的儿子，于是就借故杀了智牙师。

此举引起右奥鞬日逐王比的不满，比认为："如果以兄终弟及的继承法则，应该以右谷蠡王智牙师为左贤王，如果以父子继承的方式，我是前单于的长子，应该由我当左贤王。"于是愤愤不平的他从此很少参加单于庭的集会。

日逐王比统领南边八部之众，人数众多，力量也大。呼都而尸道皋若鞮单于对他起了疑心，想设法杀了他，于是派了两个骨都侯来监领比所统率的士兵。

呼都而尸道皋若鞮单于驾崩后，由其儿子蒲奴立为单于。日逐王比更加气愤不平，私下派汉人部下郭衡拿着南匈奴地图会见东汉西河太守，希望能归附东汉。这项秘密行动被单于派来监领的两个骨都侯察觉，就劝蒲奴单于趁五月大会单于庭时杀了右奥鞬日逐王比，以绝后患。没想到这话被正在单于帐下比的弟弟渐将王听到，立刻派人飞奔告诉了比。比召集了八部四五万人，原想等那两个骨都侯回来杀了他们，然后再南下归附东汉，可是这两个骨都侯十分机警，察觉到比的阴谋，所以逃走了。这时蒲奴单于派了一万多名骑兵想攻击比，看到比的军队阵容强大，没有进攻就退走了。这时是蒲奴单于二年。

右奥鞬日逐王比率同南边八部大人附汉，自立为呼韩邪单于，这是为了纪念他祖父稽侯珊归附西汉后的称号。匈奴由此再次分裂为南北两部。呼韩邪单于比在南，文献上称之为南匈奴；蒲奴单于在北，称之为北匈奴。

建武二十五年（49），也就是北匈奴蒲奴单于四年，东汉辽东太守祭彤以财物贿赂鲜卑大人偏何，鼓动偏何率领鲜卑士兵攻击北匈奴，宣称只要立下功劳，东汉朝廷就有重赏。那么如何证明攻打北匈奴而且立下功劳？只要把斩杀的北匈奴人头拿来就可以了。俗话说："重赏之下，必有勇夫。"偏何果然率兵攻打北匈奴，杀了两千多人，再到辽东郡领赏，祭彤没有食言。可能是赏赐的分量很重，所以之后好几年，鲜卑都出兵攻击北匈奴，然后向辽东领赏。北匈奴在一连串的攻击下，国力下降，无力再侵犯东汉的边塞了。

就在鲜卑大人偏何率兵攻击北匈奴的那一年，南匈奴呼韩邪单于比的弟弟左贤王莫也率兵一万多人向北攻打蒲奴单于的弟弟奥鞬左贤王，不但打了胜仗，而且生擒了北匈奴的左贤王。匈奴有一个特点，对抓来的或投降的人都不会加以杀害，而是让他们聚集而牧，就像西汉时李陵战败受伤，然后降于匈奴，匈奴没有杀他，还让李陵当了匈奴的官；对于卫律、李广利、苏武、张骞等人也都没有杀害。这次生擒北匈奴左贤王以及许多北匈奴人后，南匈奴也让北匈奴左贤王继续带着他的部属在南匈奴境内驻牧。

北匈奴一看连左贤王都被生擒，当然紧张不已，连忙向后撤退了一千多里。就在这时，北匈奴的奥鞬骨都侯和右骨都侯又带领三万多人投奔南匈奴，北匈奴更加衰弱。

第二年，被活捉的北匈奴奥鞬左贤王率领自己的部下并鼓动南匈奴的韩氏骨都侯、当于骨都侯、呼衍骨都侯、郎氏骨都侯以及粟借骨都侯总共三万多人逃向北匈奴。到了离蒲奴单于庭三百多里的地方，奥鞬左贤王自立为单于。只是好景不长，奥鞬左贤王与五个骨都侯彼此互相攻击，结果左贤王自杀，那五个骨都侯都被杀死，骨都侯的儿子们各自拥兵自守。

同年冬天，各骨都侯的儿子们又带了三千多人想回到南匈奴。从这里可以看出，草原游牧民族的生存法则是只讲力量和利益。就在这几个骨都侯的儿子们带着三千多名人马向南投靠时，北匈奴蒲奴单于得到消息，立刻率领众多人马赶来拦截，果然将他们截留。南匈奴呼韩邪单于得知这个消息后，也派兵北上迎接，南、北匈奴两军相遇，免不了大战一场。这一战南匈奴输了，三千多人被北匈奴俘虏，使北匈奴增强不少实力。

见北匈奴还是相当强悍，东汉朝廷就下诏要南匈奴向内迁到西河美稷一带驻牧，命东汉中郎将段彬及副校尉王郁统兵留驻西河，以保护南匈奴。由于段郴等人兵力强大，北匈奴蒲奴单于心有畏惧，就把之前俘获的一些汉人放了回来，以示善意。而且每次率兵南下经过东汉的关卡时，都会解释只是来追击逃亡的奥鞬日逐王，并非侵犯东汉的边郡，一副诚惶诚恐的样子，足以说明当时北匈奴的实力尚无法与东汉相抗衡。

北匈奴蒲奴单于六年（建武二十七年，51），北匈奴遣使到东汉请求和亲。东汉光武帝将此事交由公卿大臣讨论，当时的太子说："南匈奴刚来归顺，北匈奴怕我们攻击，所以暂时俯首听命，请求和亲只是表示想与我们和睦相处，以便和南匈奴争宠。我们现在没有出兵讨伐他，如果反而与他和亲，只怕南匈奴会不安心，可能会生变。而且北匈奴想来归降的人也不敢来了。"太子的分析合情合理，对匈奴的民族特性也有深入的认识，也就是在力不如人时，立刻低声下气；只要一旦力量强大，立刻就能拉高姿态盛气凌人。

次年，北匈奴再次遣使到洛阳，除了依然请求和亲之外，还请求东汉能给他们一些音乐（指乐器或乐工），并且请求同意北匈奴率同西域各国使者一同来洛阳朝见天子，这似乎是在暗示东汉，西域各绿洲国家此时已经被北匈奴所控制了。

西汉在武帝征伐匈奴后，西域三十六国都成为西汉的藩属，西汉也派出校尉监临西域各绿洲国家。到汉宣帝时，改校尉为都护，元帝时再改为戊、己两个校尉，屯田在车师前王境内。到了汉哀帝、平帝之际，西域从三十六国分裂成五十五国，但还是与汉保持和睦、友好且近乎臣属的关系。王莽主政后，因其好大喜功、食古不化，又常常胡乱改制，使得西域各国由怨愤而背叛，纷纷倒向南匈奴。后来南匈奴再分裂为南北两部，这些西域国家都归附了第二次分裂后的北匈奴。所以这时北匈奴使者才会说要带西域各国的使者前来洛阳，这番话含有北匈奴还有相当实力的意味，当然也有可能是虚张声势而已。

南北匈奴的对立

东汉光武帝将北匈奴使者的请求交三府（指太尉府、司徒府及司空府，有时也称三公）讨论，当时司徒掾班彪上了一个长篇大论的奏折，大意是：“匈奴是北方大国，现在见南匈奴前来归附，怕朝廷与南匈奴合作，共同讨伐北匈奴，所以一再请求和亲，派遣名王贵族为使，贡献许多礼物，以表示北匈奴富强，其实这只是欺人的假象。”班彪认为，北匈奴献上的礼物愈多，表示北匈奴内部愈贫穷，一再派使前来示好，只能证明其内心恐惧。不过朝廷目前既然未曾大力援助南匈奴，也不宜和北匈奴断绝关系，传统上所谓羁縻的道理就是礼尚往来，对北匈奴的赏赐与其贡品价值相当就可以了。此外，还应明确告诉北匈奴西汉时呼韩邪单于、郅支骨都侯单于的所作所为与他们的最后结局。

班彪还预拟了一封答复蒲奴单于的信，内容大致也是说北匈奴既然有意修好并归附于东汉，那么西域各国属北匈奴与属东汉有何不同？不必带他们来朝见。现在你们北匈奴国内尚未平静，用不到乐器，也就不送了。至于和亲，南匈奴也多次请求和亲，东汉都没有答应，北匈奴和亲之请也就暂时不谈了。

班彪这一份奏折可谓情理兼顾，软硬兼施，光武帝全部采纳照办。

到了东汉明帝永平二年（北匈奴蒲奴单于十四年，59），北匈奴护于丘率领一千多人投降了东汉。

永平五年（北匈奴蒲奴单于十七年，62），北匈奴六七千骑闯入五原，寇掠云中以至原阳（今河南省新乡市原阳县），南匈奴引兵抵抗，东汉西河长史马襄立刻率兵救援。北匈奴一看苗头不对，只好引兵撤退。

之后，北匈奴又多次南侵，东汉不胜其扰，引以为忧。北匈奴在掠夺之余，又遣使请求和亲与边境互市，可见北匈奴对于战略的运用相当灵活，先是寇掠，接下来又要求和亲互市，软硬两手交互运用，既不愚蠢也非盲动。东汉这时是明帝在位（58—75），明帝个性比较保守，只求北匈奴不骚扰边境，因此对北匈奴的请求大多准许。《后汉书》没有记载详细的情形，很可能确实有和亲之举，只是史传无载罢了。

南匈奴自归附东汉之后，对于北匈奴的存在有一种矛盾的心态。对南匈奴而言，北匈奴始终是一种威胁，所以经常请求东汉朝廷派兵出击北匈奴，南匈奴也愿意出兵配合，既想凸显南匈奴存在的意义，更希望能彻底击毁北匈奴，以绝后患。可是南匈奴又担心，一旦北匈奴被消灭了，那么南匈奴为东汉守护北方边疆、抵御北匈奴的功能也会随之消失，到那时东汉朝廷要对付的就只剩下南匈奴了。这种矛盾心态使得南匈奴既需要北匈奴存在，又不愿见到东汉与北匈奴走得太近，因此对于北匈奴数次遣使东汉以及东汉的回应始终耿耿于怀。

南匈奴须卜骨都侯探听到东汉与北匈奴互派使者，就在永平八年（蒲奴单于二十年，65）暗中派人到北匈奴鼓动其发兵南侵。正巧就在这一年，东汉派越骑司马郑吉为使前往北匈奴，郑吉一行人刚刚出塞就探知南匈奴须卜骨都侯派人到北匈奴，于是立刻上书朝廷，请求更换驻南匈奴大将，以防止南北匈奴暗中来往。因此，东汉设置度辽营，以中郎将吴棠代理度辽将军，又以副校尉来苗、左校尉阎章、右校尉张国率军屯驻在五原曼柏城，另派骑都尉秦彭率兵驻扎在美稷。

就在这一年秋天，北匈奴果然派两千骑兵在朔方郡周边观望，并制作马皮船[①]，想渡过黄河袭击南匈奴，后来侦察到东汉已经派兵等候，只好撤退了。不过在此后好几年，北匈奴都连年出兵寇掠东汉沿边各郡，杀掠相当严重，东汉明帝深以为忧。

由于文献不足，北匈奴蒲奴单于究竟在位几年，我们暂时无从考证，只能确定直至永平八年时，蒲奴单于仍然在位。

由于地理位置的接近以及匈奴自身发展的需要，南北匈奴都想控制西域各绿洲国家，以使西域成为匈奴的物资补充基地。所以，要想彻底解决匈奴问题，必须切断西域与匈奴的往来，这就是汉武帝在几次讨伐匈奴之后，知道必须断匈奴右臂才能彻底摧毁匈奴的历史背景。现在北匈奴又拥有对西域的控制权，因此要想摧毁北匈奴就更难了。明帝对北

① 以皮筏制作的渡河工具，今天在中国西北地区仍然可见。

匈奴屡次寇掠边郡的情况甚感困扰，要想有效打击北匈奴，就必须效仿西汉的做法，一方面通使西域，和西域各绿洲国家结成同盟，然后会同南匈奴、乌桓兵力共同出击北匈奴，这样才能达到彻底摧毁北匈奴的目的。这是一个比较长远的战略构想。

但是，无论通西域还是与西域结盟，都需要时间，不是一蹴而就的事，而北匈奴连年入寇却是迫在眉睫需要立刻解决的问题。所以，永平十六年（73），东汉发动沿边各郡兵力，派诸将分四路出塞讨伐北匈奴。南匈奴派左贤王信随东汉太仆祭彤、辽度将军吴棠出朔方、高阙，于涿邪山攻打北匈奴皋林温禺犊王。北匈奴一知东汉大军前来，全部越过大漠向北而逃。

东汉军队长途北伐，当然要考虑气候因素，尤其是入秋之后，蒙古高原寒气逼人。还要考虑粮草补给问题，比如预计要打三个月的仗，就必须准备半年的粮草，负担比较沉重。而漠北草原又无限宽广，所以祭彤、吴棠一见北匈奴逃往漠北，也就不再追赶了。祭彤和吴棠因没有依命令追到涿邪山而在事后被东汉免职。这次东汉出动大军却一无所获，浪费了许多人力和财力。

同年，北匈奴又返回抢掠云中，而且进入渔阳，渔阳太守帘范领兵击退北匈奴。东汉明帝命将领高弘发动沿边三郡士兵追击北匈奴，仍旧一无所获。可见在茫茫草原上有利于进行游击战，游击战正是草原游牧民族最擅长的战术之一。

同样是在永平十六年，东汉开始实施“断北匈奴右臂”的战略，派显亲侯窦固从酒泉前往天山，设法夺取西域东端的伊吾卢（今新疆维吾尔自治区哈密市伊吾县），并留下士兵在当地屯田，设宜禾都尉。另遣谒者耿秉率军出张掖，至三木楼山（今址不详）以伐北匈奴。

班超出使西域

起初，窦固先派他的假司马班超等三十六人出使西域，班超奉命之后先到鄯善。初到时，鄯善王广很有礼貌地接待班超，后来忽然变得怠慢了。政治嗅觉特别灵敏的班超就对陪同的官员说：“你们不觉得鄯善王广接待我们的态度变差了吗？一定是有北匈奴的使者来了，让鄯善王不知道该怎么办才好。智者要在事态还没有明朗之前就想出对策，何况这事已经这么明朗了。”于是，班超就把接待的人找来询问说：“北匈奴使者已经来了好几天了，现在还在吗？”接待人员不知是计，就把真实情况说了出来。

班超将这位接待人员暂时软禁起来，然后立刻召集自己带来的臣属，先跟他们开怀畅饮，等酒喝到差不多时，再故意用话激怒这些人：“你们现在跟我一样，都是身处异域，都想立大功、求富贵。现在北匈奴使者才刚到几天，鄯善王对我们的礼遇就变差了，如果北匈奴使者要鄯善王把我们抓起来送给北匈奴，我们都将死无葬身之地了。你们看该怎么办？”这三十多个随员齐说：“如今身在险地，如何求生，但凭司马吩咐。”

班超原本就是要他们完全服从命令，现在既然他们如此表示，于是便说：“不入虎穴，焉得虎子！现在只有趁着夜晚以火攻入北匈奴使者所住的地方，让他们不知虚实。他们一定会惊吓紧张，这样我们就可以一网打尽。只要把北匈奴的使者杀光，鄯善王必然会胆战心惊，那时就是我们立大功的机会。”

那些随员起先还有所犹豫，说是要和从事（参军）商量。班超大怒说：“吉凶今天就要做个决定，从事不过是个书吏，如果听到我们的计划，必然会吓得泄了密，那我们都将死无葬身之地。这不是壮士所当为！”这下随员才明白过来，齐声应允。

当天晚上月黑风高，这三十多个人包围了北匈奴使者的营地，其中十个人拿着鼓到北匈奴使者营地的后面，命他们看到火光时立刻击鼓大喊，其他的人则拿着武器埋伏在营地门口。接着，班超顺着风的方向放

班氏一门

班氏在东汉初期是有名的大家族，班彪是朝廷的史官，他认为记载历史是相当重要的事情，一辈子都在努力补足《史记》里遗漏或尚未记载的史实，一共写出了六十五篇《后传》。班彪的大儿子班固继承他的遗志，在父亲过世之后便开始整理《后传》，并依据这些篇章最终写成专门记载西汉一朝历史的史书《汉书》。

班彪的小儿子班超原本也是一个文官，但他认为男儿应该志在四方，因此“投笔从戎”，为东汉开疆拓土，立下不少汗马功劳，是东汉平定西域的大英雄。

班彪的女儿班昭是当时难得一见的才女，东汉和帝知道她学问渊博，曾亲自请班昭入宫，以学者身份礼遇之。

班固过世时，《汉书》大部分的篇章都已经完成。剩下的一小部分，在东汉和帝的命令下，由班昭和其他学者合力完成。

起火来，霎时鼓声夹杂着喊叫声大起，北匈奴使者一行果然惊慌乱跑，班超亲手杀了三个人，班超的随员们共杀了三十几个人，其余一百多人都被火烧死了。第二天，班超拿着北匈奴使者的首级去见鄯善王，这样一来整个鄯善国都被吓住了，这时班超才给鄯善王分析必须与东汉结盟的理由以及结盟后的好处。经过这一番波折，鄯善王也口服心服，并且愿意遣子入侍。

永平十七年（74），东汉奉车都尉窦固领兵出敦煌讨伐北匈奴，在蒲类海（今新疆维吾尔自治区哈密市巴里坤哈萨克自治县境的巴里坤湖）附近击败北匈奴，车师国也降于东汉，东汉便设置了西域都护及戊己校尉统辖西域。次年，北匈奴率兵攻后车师，杀车师后王，又攻戊己校尉耿恭所驻的金蒲城（今新疆巴里坤哈萨克自治县），但无功而返，撤退走了。

就在这一年，东汉明帝驾崩，子刘炟嗣立，是为章帝，次年改元建初。

东汉章帝建初元年（76），东汉将原来中郎将的副校尉来苗调升为济阴（今山东省定陶县）太守，以征西大将军耿秉为度辽将军，在人事上做了一番调整。三年前（永平十六年，73），被东汉打跑的北匈奴皋林温禺犊王又将他的部众带回涿邪山驻牧。南匈奴打听到了这个消息，就派轻骑兵会同东汉边境驻军及乌桓兵，共同出击北匈奴，杀了好几百人，招降了三四千人。

到了建初七年(82)，耿秉调升为执金吾，以张掖太守邓鸿为度辽将军。次年，北匈奴三木楼訾大人稽留斯等率三万多人，马两万匹、牛羊十余万到五原塞来降东汉，北匈奴渐渐衰弱。

东汉章帝元和元年（84），武威太守孟云上书说北匈奴希望到边境从事贸易，章帝于是下诏命孟云派翻译人员迎接北匈奴前来贸易。北匈奴由大且渠伊莫訾王等带来牛马一万多头，与汉人交易，沿边郡县设宴款待先到的北匈奴诸王、大人，也赏赐了一些物品，从表面上看北匈奴似乎有意与东汉和睦相处。

前面说过，南匈奴既不愿见到北匈奴强大，也不愿北匈奴被东汉消灭，可是最不愿见到的，还是北匈奴与东汉和睦相处。而东汉也无意消灭北匈奴，因为只要有北匈奴存在，就可以借北匈奴的力量牵制南匈奴，这样南匈奴才会诚心侍奉东汉。可是现在，东汉竟然准许北匈奴前来互市，显示双方关系日见融洽，所以当南匈奴打听到北匈奴要驱赶牛马前来互市时，就派遣轻骑兵出上郡拦截北匈奴的牛马，再把这些牲口赶到塞内自己的驻牧地。南匈奴此举意在嫁祸东汉，希望激起北匈奴对东汉的敌意。这也许是南匈奴玩弄“以夷制汉”，用以对抗东汉的“以夷制夷”。

燕然山铭

东汉章帝元和二年(85)，北匈奴大人车利、涿兵等七十三人逃到塞内。由此推测，当时北匈奴内部可能有类似政变的政治波动，否则难以解释这些北匈奴贵族为何要逃到塞内。据《后汉书》记载：“时北虏衰耗，党众叛离，更加以南匈奴攻其前，丁零寇其后，鲜卑击其左，西域侵其右，不复自立，乃远引而去。”可以说是相当实在的描述。

就在这一年，南匈奴伊屠于闾鞮单于即位。他派了一千多名士兵到涿邪山狩猎，却遇上了北匈奴的温禺犊王，双方打了一仗，单于的士兵杀了温禺犊王。

这年冬天，武威太守孟云上书朝廷，大意如下：北匈奴之前曾与东汉和亲，就视同东汉的亲善友邦，而南匈奴还去掠夺，北匈奴认为这是东汉欺骗他们，准备再来寇掠边郡。为了双方和睦，应该将南匈奴所掠夺的牲口还给北匈奴。

东汉朝廷答应了孟云的请求，下了一道诏书，命度辽将军及领中郎将庞奋将南匈奴所掠的牲口及俘虏还给北匈奴，同时对杀死北匈奴的南匈奴人论功行赏，也就是说：杀的人愈多，或被杀的人地位愈高（像温禺犊王），赏赐就愈多。这一道诏书具有相当的政治“艺术”，既应付了北匈奴交还被夺牲口的请求，以免引起边境被寇掠的困扰，又对南匈奴给予了相当的补偿，也就是杀戮北匈奴人可以论功行赏，等于变相鼓励南匈奴可以继续进犯“北虏”。在东汉朝廷这道诏书的鼓励下，南匈奴单于又令奥鞬日逐王师子率轻骑数千人出击北匈奴，斩杀了上千人，而且凭这上千颗人头，领到了相当多的赏赐。这道诏书还有一个含义，就是要南匈奴多杀北匈奴人，而不要掠夺牲口，因为掠夺牲口要交还，而杀人却可以领赏。这样更可以制造南北匈奴的冲突，就如一石两鸟。

北匈奴蒲奴单于究竟何时驾崩，文献暂未见记载，但是在东汉章帝章和元年（87）时，北匈奴单于已经换成优留了。根据《后汉书》所载，

班固

著有《汉书》。他在阴阳、儒、墨、名、法、道六家学说之外，又分出农、纵横、杂、小说四家，合为十家

鲜卑在这一年进入左地攻击北匈奴，杀了优留单于。优留单于一死，北匈奴大乱，屈兰、储卑、胡都须等五十八个部落大约二十万人南下云中、五原、朔方等郡投降。如果《后汉书》所言可靠，那么北匈奴的力量显然比南匈奴强大多了，因为南匈奴呼韩邪单于降汉时才只有四五万人，即使连妇女小孩都算上，最多不过十万人，而这一年北匈奴光是降于东汉的就有五十八部二十万人之多；没有来降的，当然远多于此数。不过就这二十万人来说，也是一个很大的数目，对北匈奴而言，必然会有很大的影响。东汉将这些来降的北匈奴人并入南匈奴，从而使南匈奴的人口急剧增加，力量骤然膨胀。

这时南匈奴休兰尸逐侯鞮单于屯屠何想趁势并吞北匈奴，在章和二年（88）上书东汉朝廷，表示愿意出兵讨伐北匈奴，使南北匈奴合并为一国，使东汉永无北顾之忧。这封上书可说是文情并茂。此时东汉章帝已经驾崩，新即位的和帝仍沿用章和为年号。和帝年幼，朝政由窦太后主持，窦太后将此事交由群臣讨论，执金吾耿秉主张讨伐北匈奴，窦太后采纳了耿秉的意见。

东汉和帝永元元年（89），窦太后之兄车骑将军窦宪率大军攻伐北匈奴，另以耿秉为征西将军，率军出朔方鸡鹿塞，南匈奴大军出满夷谷，度辽将军邓鸿出涸阳塞（今内蒙古自治区包头市固阳县），这几路大军约定在涿邪山会师。窦宪又分遣副校尉阎盘，司马耿夔、耿谭率南匈奴精锐骑兵一万多人，与北匈奴单于战于稽落山（今阿尔泰山脉东端），大破北匈奴，北匈奴单于只带领少部分人马逃走。这次战役总计斩杀北匈奴名王以下一万三千多人，掳走了牲口一百余万头，一些小部落酋长及人民投降的有八十部二十多万人。窦宪、耿秉追逐一千多里，然后登上燕然山（今蒙古国杭爱山），令中护军班固刻石纪功，就是流传后世著名的《燕然山铭》。

燕然山铭

惟永元元年秋七月，有汉元舅曰车骑将军窦宪，寅亮圣明，登翼王室，纳于大麓，惟清缉熙。乃与执金吾耿秉，述职巡御，理兵于朔方。鹰扬之校，螭虎之士，爰该六师，暨南单于、东胡乌桓、西戎氐羌，侯王君长之群，骁骑三万。元戎轻武，长毂四分，云辎蔽路，万有三千余乘。勒以八阵，莅以威神，玄甲耀目，朱旗绛天。遂陵高阙，下鸡鹿，经碛卤，绝大漠，斩温禺以衅鼓，血尸逐以染锷。然后四校横徂，星流慧扫，萧条万里，野无遗寇。于是域灭区殚，反旆而旋，考传验图，穷览其山川。遂逾涿邪，跨安侯，乘燕然，蹑冒顿之区落，焚老上之龙庭。上以摅高、文之宿愤，光祖宗之玄灵；下以安固后嗣，恢拓境宇，振大汉之天声。兹所谓一劳而久逸，暂费而永宁也。乃遂封山刊石，昭铭盛德。其辞曰：铄王师兮征荒裔，剿凶虐兮截海外，夐其邈兮亘地界，封神丘兮建隆嵑，熙帝载兮振万世。

窦宪又遣军司马吴汜、梁讽奉金帛要送给北匈奴单于，终于在西海追上了北匈奴单于，这个西海究竟是哪里现在已经很难考证，不过北匈奴单于是朝今天杭爱山一线向西逃亡，所以西海有可能是今天中国新疆境外的宰桑泊。吴汜等人对北匈奴单于宣达了东汉的威信，并把带去的金帛赏赐给他，北匈奴单于稽首接受了。吴汜又把第一个呼韩邪单于的往事说了一遍，要北匈奴单于效法呼韩邪归汉，北匈奴单于没有接受。从这里似乎可以推测，北匈奴单于手上还有一些兵马，但已经是强弩之末了，所以派他弟弟右温禺鞮王带着礼物到洛阳来朝觐，并且入侍东汉。右温禺鞮王就随吴汜、梁讽到了洛阳，窦宪认为北匈奴单于没有亲自前来，这个弟弟不留也罢，就让温禺鞮王回去了。

次年，窦宪派副校尉阎盘率两千多名骑兵攻打由北匈奴所控制的西域伊吾。夺下伊吾后，西域车师前、后王都感到害怕，于是纷纷遣子入侍东汉。北匈奴单于以东汉遣回所送的右温禺鞮王为由，再度遣使到边境表示愿意称臣，而且单于要亲自到洛阳朝见天子。窦宪就派班固、梁讽到塞上迎接。

这时南匈奴单于恰好上书请求彻底消灭北匈奴，东汉采纳了这个意见，就遣南匈奴左谷蠡王师子等率左右部八千骑兵出鸡鹿塞，而使匈奴中郎将耿谭也派从事率兵随同出征，趁夜袭击北匈奴。北匈奴大败，单于只能带着少数人马突围而逃。

这次南匈奴、东汉共俘获了北匈奴阏氏及男女权贵五人，杀死了八千多人，活捉了好几千人。这样一来南匈奴更加壮大，初步估计这时南匈奴大约有三万四千户，达二十三万七千多人，可动员的年轻力壮的战士大约有五万人。

此次战役东汉是师出无名，胜之不武，窦宪一方面派班固等人到边境迎接北匈奴单于，另一方面又答应南匈奴的请求出兵消灭北匈奴，这种做法有失泱泱大国的气度。

不仅如此，永元三年（91），窦宪更趁北匈奴疲弱不堪之时，派左校尉耿夔、司马任尚率兵出居延塞（今额济纳河一带），在金微山（今阿尔泰山）团团围住北匈奴单于，打了一个大胜仗，抓到北匈奴单于的母亲，杀了名王以下五千多人。根据汉文史料所载，此役后，北匈奴单于落荒而逃，不知所踪。

北匈奴西迁

虽然在汉文史料里找不到北匈奴究竟逃到哪里的记载，不过从当时西域的情况看，似乎还能找到一些有关北匈奴的动向信息。从汉文史料上看，永元三年（91），也就是北匈奴单于落荒而逃不知所踪的那一年，东汉朝廷任命班超为西域都护，徐干为西域长史，重新在龟兹设立西域都护府，同时“复置戊己校尉，领兵五百人，居车师前部高昌壁”。这时戊己校尉率领的这五百个人，已经不是屯田的士兵，而是作战的部队，如果不是东汉知道北匈奴力量还控制着西域，何必要在高昌壁屯驻五百名作战的士兵呢？至于北匈奴单于究竟躲到了哪里，东汉并不知道，所以无法彻底剿灭。北匈奴很可能经常神出鬼没，骚扰西域这些绿洲国家，所以东汉才不得不在高昌壁屯驻作战部队。

到了永元十四年（102），年近七十的班超已经垂垂老矣，上奏请求东返洛阳，于是东汉以窦宪手下大将任尚继任西域都护。可是任尚处事不当，引起西域各国不满，纷纷起兵围攻任尚。这时东汉和帝已经驾崩，由殇帝继位，但殇帝一年后也崩殂。之后安帝即位，朝廷以骑都尉段禧代替任尚为西域都护，而段禧也不得威望，又在西域引起动乱。朝廷动员金城（今甘肃省兰州市）、陇西等地的羌族士兵进驻西域，然而这些羌族士兵不肯离乡背井，因而叛乱，朝廷只好先平定羌族的叛乱，西域一时成了真空地带。

这时，北匈奴趁势进入西域，又控制了部分西域绿洲国家。天山南麓即今天的塔里木盆地，中间是面积极大的塔克拉玛干沙漠，在这个大沙漠的南、北边缘，星罗棋布着一些绿洲国家，有龟兹、疏勒、楼兰等。每块绿洲就是一个国家，面积既不大，人口也不多，可动员的青壮年士兵就更少了。绿洲与绿洲之间只有沙漠，而且这些绿洲国家以农业为主，多信仰佛教。在这些主客观条件下，西域诸国就很容易被征服，何况匈奴铁骑骁勇善战，对付这些农业民族足以以一当十。所以当东汉力量退出西域时，北匈奴虽然只剩下一些残余力量，但也足以威震西域。

安帝元初六年（119），东汉平定羌族之乱后，再度试图把力量伸向西域，于是派长史索班率领一千多兵马屯驻伊吾。车师前王国被这一千多人给吓住了，就归顺了东汉。但是车师后王国却联合了北匈奴，或者也可以说是北匈奴胁迫了车师后王国，共同出兵攻击在伊吾屯驻的汉兵。一战下来，索班被杀，断了东汉再度扬威西域的念头。可见北匈奴并没有“不知所踪”，只是从蒙古高原缓慢向西移动，逐渐进入中亚。这时的东汉已经进入宦官、外戚互相夺权的时代，根本无力注意北匈奴，所以对于北匈奴的去向也就语焉不详了。紧接着三国分立，魏、蜀、吴彼此征战不休，更无余力过问北匈奴的动态了。

后来中原由司马氏建立的西晋统一了天下，可是统一的局面只是昙花一现。至西晋惠帝时，内迁的南匈奴后人刘渊称帝，建立有史以来第一个由少数民族建构的王朝，之后北方各少数民族纷纷建立王朝，进入一般史书所称的“五胡十六国”或“五胡乱华”时代。一直到鲜卑族拓跋氏建立北魏，才结束了北方的分立局面，中国历史进入南北朝对峙时期。这期间汉文史料暂时没有关于北匈奴的动态的记录。但是北匈奴绝不会因汉文史料没有记载而停止活动，北匈奴仍然逐渐向西迁徙，寻找更好的生存空间。

接着《后汉书》载录北匈奴动态的史书是北魏人魏收所著的《魏书·西

域传》，只是《魏书·西域传》后来失传，现存的版本是以《北史·西域传》来填补，而《北史·西域传》又是转录自《隋书·西域传》。《隋书》是唐太宗时期由魏征主持编撰的，距北匈奴被窦宪攻破时已经有五百年之久了。

《魏书·西域传》是如何记载北匈奴的呢？《魏书·西域传·悦般国》是这么写的："其先匈奴北单于之部落也，为汉车骑将军窦宪所逐，北单于度金微山，西走康居，其羸弱不能去者住龟兹北。地方数千里，众可二十余万。凉州人犹谓之单于王。"

从这段文字中可以知道：北匈奴被窦宪打败后，其主力向西走到今乌兹别克斯坦撒马尔罕一带，老弱伤残者则留在龟兹以北某地，建立悦般国。到了北魏时，悦般国已经有了二十几万人口。就凭这二十几万人口，在狭义的西域中已经是众多绿洲国家之冠，所以能随时出兵操控车师等西域国家。

北魏太武帝太平真君时（440—452），悦般国曾两度遣使朝觐北魏，并且与北魏约定共同出兵进攻柔然。但是在太平真君十年（449），北魏大举讨伐柔然时，却不见悦般国有任何动静，而且这个国家自此从西域消失。一般多认为这时的悦般国已经向西迁徙到中亚了。

另《魏书·西域传·粟特国》又载："粟特国在葱岭之西，古之奄蔡，一名温那沙。居于大泽，在康居西北。……先是，匈奴杀其王而有其国。至王忽倪已三世矣。……高宗初，粟特王遣使请赎之。"

这段引文里的高宗指的是北魏文成帝（452—465 年在位）；温那沙其实是 Hunashah 的音译，也就是 Huna，即可以解读为嚈哒，因为嚈哒曾自称或被称为匈奴，所以 Huna 也可以直接解读为匈奴。在北魏高宗文成帝时，匈奴统治粟特已经三世了。一般史学界以三十年为一世，三世是九十年，如果从北魏文成帝即位之初的兴安元年（452）往上推九十年，是北魏道武帝登国七年(392)左右，距西方史料记载，公元374年(东晋孝武帝宁康二年)，有一支号称匈人的游牧民族侵入东欧，显然不是占领和统治粟特的这支匈奴人。

我们似乎可以这样解读：当北匈奴被窦宪打败后，逐渐西徙，一部分在龟兹之北建立了悦般国；一部分流徙于西域各地，控制西域各绿洲国家。经过一百多年的休养生息，以及与西域各国人民互通婚姻，人数急剧增加，而且在民族成分上也有所改变，成为蒙古利亚人种与高加索人种的混合种。在东晋穆帝升平四年（360）左右，一支进入中亚，在东晋孝武帝太元十五年（北魏道武帝登国五年，390）前后，征服奄蔡，进而统治了奄蔡，改国名为粟特，并为北魏所知晓；另一支可能越过咸海、里海北边，进入欧洲，成为西方史料所称的匈人。至于悦般国也可能是投靠占领奄蔡国的那一部分。这样推测，可以说明占领粟特国的北匈奴不是进入欧洲的那一支匈奴人，虽然还缺乏文献上的证据，但至少说明了占领粟特的那一支匈奴人在时间上不可能是进入欧洲的匈奴人。或许将来有更多新出土的史料可以把问题分辨清楚。

北匈奴逐日耳曼人

在5世纪(南朝宋后废帝元徽四年)以前,罗马帝国是欧洲最大的国家,也是最文明的国家，只是罗马帝国并没有统治整个欧洲。在北欧的斯堪的纳维亚半岛聚居着一支强悍而原始的日耳曼民族，日耳曼民族的支系很多，大约在公元元年前夕（西汉末期），就有一些日耳曼支系向南迁移到波罗的海南岸的维斯杜拉（Vistula，今波兰境内）河口一带，之后更逐渐移居到多瑙河、莱茵河以及维斯杜拉河到北海之间的广阔地区。从许多迹象来看，日耳曼民族还有向南迁移的趋势，这让罗马帝国深感不安。

日耳曼人身材高大，凶猛强悍，有许多支系，聚居于东方的称为东哥德人（Ostrogoths）；分布在东哥德人西边的就叫作西哥德人（Visigoth）；在哥德人西南方的是汪达尔人（Vandals）。这些日耳曼民族都是游牧民族，族人个个勇猛好战。在罗马帝国看来，除了以“蛮族”称呼日耳曼民族外，似乎找不到更合适的称谓了。这些日耳曼民族虽然“野蛮”，但是上马打仗却毫不含糊，他们使用短矛，既便于近身搏斗，又可以用作投掷的利器，打起仗来勇往直前，冲锋陷阵时争先恐后，似乎只有死神才能阻止他们。

这一群“蛮族”虽然偶尔会像东方的匈奴人一样“南下牧马”，掠夺一些物资，但在4世纪以前，还没有给罗马帝国带来太大的威胁。靠近罗马帝国的日耳曼人，似乎学习了一些文明礼仪，能与罗马人进行和平交易，所以起初并没有引起罗马人的注意。此外，由于日耳曼人好勇斗狠、彪悍善战，罗马人甚至招募日耳曼人加入军队。当时罗马帝国中有一些人对这种现象感到忧心，直接说罗马军队已经“日耳曼化”了。

就在一部分日耳曼人与罗马人和平共存时，北匈奴人在西域停留了一两百年，经过休养生息，与当地民族混融后，成为一支强大的新兴民族。这支新兴的民族固然还是以北匈奴为主体，但已经融合了许多广义的西域民族，所以不是纯粹的匈奴了。即使如此，这支新兴的民族在战略、战术上仍然保持了匈奴传统的、一贯的思维逻辑。

中国北方各游牧民族，从最早的匈奴，历经鲜卑、柔然、高车、突厥、契丹，以至蒙古，都有向外扩张的天性，当他们向外扩张时，只要征服了一个部落或一个民族，必定以这个被征服的部落或民族作为先锋，再向外扩张，这个先锋如果不奋勇向前，后面的征服者就会立刻向前追杀，所以先锋部队只有勇敢向前，只要再征服一个部落或一个民族，就换成这个新被征服的民族或部落作为先锋，如此周而复始，就像滚雪球一样愈滚愈大。

匈奴这种战略被之后所有的北方草原游牧民族所沿用，从而能以很少的人力获得很大的战果。像蒙古西征时，真正的蒙古骑兵人数并不多，但是他们却席卷了几乎半个地球。或许有人会说，这种战略太不人道了，其实战争本身就不是一件人道的事，以此苛责游牧民族并无意义。

5 世纪时，这支新兴的匈奴在首领阿提拉的领导下，已经进入欧洲。这时罗马帝国已经分裂，西罗马帝国往日的光芒也已经消退了，日耳曼系的西哥德人、布根第人（Burgundians）已经占领了高卢（Gaul，今法国南部）。西罗马帝国为了赶走这些日耳曼人，从公元 436 年（南朝宋文帝元嘉十三年）到公元 439 年（元嘉十六年）间，三次向匈奴请求援助。据相关文献记载，匈奴王阿提拉的确曾亲自派兵支援，如果这些记载是可靠的，至少证明那时的西罗马帝国与匈奴之间的关系还是不错的。究其原因，可能是当时西罗马帝国的禁卫军统领艾提（Aetius，390—454），在少年时曾经以人质的身份在匈奴王廷中生活了好一阵子，从而与匈奴贵族以及阿提拉成为旧识。

又有一些文献记载，这些进入欧洲的匈奴人中有许多会说拉丁语，这就更加证明 5 世纪中叶之前西罗马与匈奴的关系的确不错。只是不知道什么原因，到了公元 448 年（元嘉二十五年）之后，艾提与阿提拉的关系开始恶化。到了公元 450 年（元嘉二十七年）时，双方竟然处于敌对状态。

双方既然成为敌人，当然就开启了战端。公元 441 年（元嘉十八年）时，匈奴讨伐东罗马帝国的领地西弥姆(Sirmium,今塞尔维亚共和国境内)时,这座城里教堂中的祭器不见了，这件可能相当名贵的祭器几经辗转到了西罗马人之手。也许阿提拉早就知道了这件事，这时正好拿来作为借口，于是不断向西罗马要求归还这件祭器。对宗教界而言，祭器是神圣不可侵犯的，北匈奴索取祭器，简直就是亵渎神灵的行为，西罗马自然加以拒绝，这就成了阿提拉向西罗马宣战的借口之一。

另外，当日耳曼系的汪达尔人从高卢转向北非建国后，国王格撒利克（Genseric）的儿子娶了西哥德王狄奥多里克（Theodoric）的女儿，但是婚后格撒利克怀疑这个西哥德媳妇要毒害他，就残忍地把媳妇的耳朵、鼻子割了下来，然后将她送回西哥德宫廷土鲁斯（Toulouse，今法国南部）。狄奥多里克目睹爱女受到这样的酷刑，当然要设法报复，于是向西罗马帝国请求援助，希望能给汪达尔人一些教训。格撒利克听说西哥德要与西罗马结盟，心中不免慌张，于是也立刻向阿提拉请求结为盟友。阿提拉正要找借口攻击西罗马帝国，于是欣然接受，并且与格撒利克约定，同时南北夹击，阿提拉攻取西罗马帝国最肥沃的高卢地区，格撒利克则率兵攻打今日的意大利本土。

依据德国汉学家夏特所著的《窝瓦河的匈人与匈奴》记载，粟特王忽倪就是进入欧洲并且令欧洲人闻风丧胆的匈奴帝国创建者阿提拉大帝的小儿子忽奈克。这个推论完全忽略了时间因素，忽倪是5世纪中叶的人，而阿提拉是4世纪后半叶时的人，除非忽倪的寿命长达一百八十岁以上，否则不可能是阿提拉的儿子，可见这个推论有再讨论的空间。

再据威尔·杜兰（Will Durant）所著的《世界文明史》（*The Story of Civilization*）第十一章《拜占庭伊斯兰及犹太文明》（*The Age of Faith: The Byzantine Zenith, Islamic Civilization and Judaic Civilization*）说：“约在公元433年时,匈奴王路阿(Rua)去世,而将王位让给侄儿伯勒达(Bleda)

和阿提拉两人。”

这里的阿提拉是5世纪前半段时期的人，虽然和粟特王忽倪的年代很接近，在年代上可以成为忽倪的父亲，可是和北匈奴进入欧洲又差得太远，这中间的矛盾之处很难加以调和。

于是又有人提出进入欧洲的匈人（Hun）与匈奴可能不是同一民族，就像日本人白鸟库吉在所著的《粟特国考》一书中就主张占领粟特的匈奴不等于西方史料中的匈人。如果这个说法属实，那么无论夏特还是威尔·杜兰的考证都不能成立了。

不过，日本人内田吟风在其所撰的《匈奴西迁年表——关于 Hun、匈奴之再考》中就驳斥了白鸟库吉的论点，内田吟风强调：征服欧洲的匈人就是占领粟特的匈奴。此外又有日本学者江上波夫著有《匈奴同族论》，从书名就能明确看出是驳斥白鸟库吉之论，真可以说是问题愈吵愈复杂。这里提出这些观点，只是说明北匈奴西迁后可能的动向，也意在彰显北匈奴西迁后的动向尚无定论。

如果从时间顺序上看，或许能找到一些线索。1世纪末，窦宪大破北匈奴，北匈奴西走，一部分老弱伤残不耐长途跋涉，而在西域龟兹之北留了下来，建立了悦般国。

可以西迁的继续西走。大约在4世纪中叶，这批继续西迁的余众到了天山的西端，并分为两支，其中一支继续西迁，进入粟特，而且灭了粟特并占有其地，这时大约是4世纪末，传了三代，到了忽倪时与北魏有了来往。

继续西迁的另外一支从天山西端向西北行进，越过咸海、里海北岸，沿途征服所遇到的民族，并以之为先锋，一路挺进，像滚雪球般愈滚愈大，实力也愈来愈强，就这样成为战无不胜、攻无不克的队伍，进入欧洲，造成欧洲民族大迁徙，间接造成西罗马帝国的灭亡。由于这一支队伍的领导阶层是匈奴人，往往使人误认为整支队伍都是匈奴人。这种情形正像九百年之后蒙古的几次西征，真正的蒙古兵并不太多，大多数是被裹胁而来的各民族，可是中外史料都将此事说成是蒙古西征。这两件事有很大的相似度，这样解释或许比较接近史实。

北匈奴虽然是东汉的手下败将，但是西逃时经过在西域那些绿洲国家停留整补后，力量壮大起来，想要报复东方的汉人政权或许力量不够，又或许是被东汉击败而心有余悸，所以转而向西方掠夺。停留在粟特的就定居下来，由于人数不多，时间久了就和当地土著融合了。

向西北前进的那一支击败了奄蔡人，奄蔡向西逃走，匈奴则在后紧追，大约在公元374年渡过顿河进入东哥德人的聚居之地。据西方文献记载，当时匈奴的领袖是巴拉米尔（Balamir），他领导匈奴从里海北岸一直向西推进，征服所遇到的各民族。

顽强的东哥德人起来抵抗，结果屡战屡败，终于臣服于匈奴并成为其附庸。因此东哥德人对匈奴人没有好感，所以东哥德人对匈奴的描述总是充满轻蔑的口吻，如哥德族史家乔丹斯（Jordanes）对匈奴有如下一段的描述：“他们（指匈奴人，以下皆同）容貌之可怕，也未经过作战就能使得对方感受到极大的畏惧。他们使得敌人在恐惧中惊逃，因为他们黯黑色的相貌是可怕的，他们的头不像一个头，只是一种块然之物；他们的眼睛状如针孔，也不像眼睛。他们的强悍，表现于其粗野的貌中，而从他们的对待婴儿，即可知其残暴。因为他们当婴儿初生时，即以剑割其两颊，所以在婴儿受乳以前，便要忍受刀伤了，因此之故，他们至老而无须。他们的青年人，也因创痕被面，髭须不生而丧失优美之感。他们躯体短小，行动敏捷，善用弓矢，颈项也永远傲然自举着。”（转引自林旅芝《匈奴史》，第148页）

我先不评论这段话。且看《史记》《汉书》《后汉书》以及《晋书》

对匈奴的记载都没有提到匈奴人不长胡须这件事，甚至于在一般中文文献里都会以多胡须来形容北方游牧民族的男子。至于用刀割婴儿面颊一事，在中文史料中根本找不到。自两汉到魏晋的几百年里，汉人和匈奴打交道的经验已经很丰富了，如果匈奴真有这种习俗，汉文史料怎么可能不记录下来？《晋书》里记载匈奴的刘渊、刘曜、赫连勃勃时，还提到他们的俊美姿仪呢！至于用刀割面颊，反而是高加索人种的塞种人的习俗，是对死去长辈或长官表示不舍和追悼的意思，也许西迁的匈奴人在留停中亚的一两百年的时间里，染上了白种人割面颊的剺面习俗。因此，乔丹斯描述的真实性还有待考证。

北匈奴继续西进，与分布在多瑙河东北、尼斯特河流域（Nieste，今德国中部）的东哥德接触，免不了一场大战。当时的东哥德国王赫曼尼克（Ermanaric）因战败自杀，东哥德人又拥立维席密尔（Vithimir）为王，继续抵抗北匈奴，结果还是大败，维席密尔战死沙场，赫曼尼克的儿子呼尼蒙特（Hunimund）只好率领东哥德人向匈奴投降。可是另有一批东哥德人不肯投降，而且推举具有贵族身份的维特立克（Viderik）为名义上的领袖。由于维特立克年纪还小，所以实际上是由维特立克的老师阿拉修斯（Alatheus）与萨弗莱克（Safrax）两个人在领导，与匈奴进行游击战。游击战原本就是匈奴人擅长的作战方法，所以东哥德人面对匈奴时简直就是班门弄斧，占不到任何便宜。

当东哥德人打败仗的消息传到分布于多瑙河之北、今德国西部的西哥德时，西哥德人大为震惊，西哥德领袖阿散拿尼克（Athanaric）立即调兵遣将在聂伯河下游河岸布阵，以阻止匈奴人渡河。不料这个意图竟然被匈奴人识破，于是匈奴人绕道第聂伯河上游安然渡河，等于在西哥德的后方进行突袭。阿散拿尼克吃了败仗，逃到德兰锡尔伐尼亚森林高地，损失了许多人马、辎重。西哥德人在大败之后，认为如果不依靠于罗马帝国，很可能会被匈奴消灭，于是多次派使者向罗马帝国交涉。终于在公元 376 年（东晋孝武帝太元元年）春，罗马帝国皇帝瓦伦斯（Valens）准许西哥德人入境。据西方史料所载，渡过多瑙河的西哥德壮丁就有二十多万人，此外还有更多的老弱妇孺。

北匈奴攻击东、西哥德人可以说是大获全胜，并且掠夺了大量牲畜、财物、妇女和小孩，所过之处如同秋风扫落叶一般。北匈奴侵袭与凶猛残杀的消息很快便传播到汪达尔人、法兰克人（Franks）、布根第人、撒克逊人（Saxon）耳中，这些民族大为震惊，也都像西哥德人一样逃到罗马帝国境内，希望得到罗马帝国的保护，这就是西方历史上所说的欧洲日耳曼民族大迁徙。

罗马帝国之所以准许西哥德人入境，是想利用西哥德人的武装力量来镇压境内的其他日耳曼民族，说穿了不过是“以夷制夷”的西方版而已，所以不但准许西哥德人进入境内，还许之为“同盟者”，让他们在多瑙河下游南岸的密西亚（Mysia，今土耳其西北）省聚居，并且给予优待。可是罗马帝国官员的态度恶劣，又私自增加了许多苛捐杂税、徭赋差役，使西哥德人在忍无可忍下起而反抗，规模逐渐扩大。瓦伦斯御驾亲征，却以大败收场，最后更被西哥德人追杀而死。后来狄奥多西（Theodosius）嗣位，就跟西哥德人议和，时间大约是公元 382 年（东晋孝武帝太元七年），条件是准许西哥德人到下穆西亚省（Lower Moesia，今塞尔维亚及保加利亚境内）居住。这时北匈奴已经进入上穆西亚省及班诺尼亚（Pannonia，今匈牙利西部一带）这两个地方了。

到了公元 384 年（东晋孝武帝太元九年），北匈奴又进攻埃德萨城（Edessa，今土耳其境内），这次罗马帝国将军雷锡麦（Ricimer）表现得出奇的神勇，居然击退了来侵的北匈奴大军。几年后，北匈奴改变方向，开始进攻亚美尼亚、美索不达米亚及叙利亚等地，使罗马帝国松了一口气。

到了公元396年（东晋孝武帝太元二十一年），北匈奴又进攻波斯。

以上这几次战役都属于掠夺性质，北匈奴并没有要占领这些地方的意思，所以主力没有全数出动，仍然停留在南俄草原。之后，匈奴主力西移，可以说是势如破竹，所向无敌，席卷了大半个欧洲，后来罗马帝国分裂为东、西两部，也间接导致了西罗马帝国的灭亡。

“上帝之鞭”阿提拉

提到入侵欧洲的北匈奴，难免要提到有“上帝之鞭”称号的阿提拉，可是在中文史料里，几乎没有任何和他有关的记载。在欧洲或西方历史上，他却是极具声名的人物。在欧洲民间口耳相传中，阿提拉的故事更是充满了传奇性，但无论是历史文献还是民间传说，可信度都不太高。

根据民间传说，阿提拉应该是一个身材伟岸、雄姿英发的赳赳汉子，然而文献记载却正好与此相反。请看西方史家海斯（Canrlton J. H. Hayes）、穆尔（Parker Thomas Moon）及魏兰（John W. Wayland）合著的《世界通史》对阿提拉的形容：“他（指阿提拉，以下同）也像其他匈奴人一样，身材矮而瘦，但他却有一个异乎常人的宽大肩膀。他的头部极大，扁平鼻，锐利的黑色双目，彼此分开得极宽，他的头发是一种粗糙的黑发，也有一些稀疏的胡须。他的面目狰狞可憎，而贪心特盛，他自负而迷信，狡猾而勇敢，他精于战术，在外交方面也会做相当的运用。他是一个残暴的征服者，他的目的便是掳掠和破坏。由于他和他的族人如此凶暴残忍，所以罗马人和日耳曼人都共同送给他一个诨名‘上帝之鞭’

（Scourge of God）。”

这一段对阿提拉和匈奴人的描绘与前面提到的史家乔丹斯的描述有很大的出入。《世界通史》一书的描绘虽然也带有许多负面、主观的成分，但也有一些正面、客观的字眼，如“勇敢”“精于战术”“外交方面也会做相当的运用”等，较之乔丹斯显然较为客观与全面。

自匈奴入侵欧洲，“上帝之鞭”几乎成了匈奴的代名词。如果再细看乔丹斯对阿提拉的描绘，就知道他对阿提拉的描述有多么偏颇：“他（指阿提拉，以下均同）降生到世界便是要震撼各国，他是各地的灾星，有关于他的谣言便可使全人类胆战心惊。他走路姿态高傲，眼珠滚滚转动，以致他高傲的样子处处表现于他的动作之中。”（见威尔·杜兰所著《世界文明史》第十一册，第58页）

至于阿提拉究竟是什么长相，可能以上两种描绘都不对。不过，阿提拉的长相一点都不重要，重要的是他做了些什么。

匈奴人自多瑙河、莱茵河北岸把东哥德人赶到南方，进入罗马帝国时占据了今天的匈牙利平原，并且定居下来，更进而以此为中心向中欧前进。到了5世纪前半叶，匈奴势力大盛，西方史家称之为阿提拉王朝。

阿提拉

公元434年出任匈奴首领，因骁勇善战而被称为“上帝之鞭”

阿提拉王朝的创始者是奥克塔儿（Oktar）及路阿兄弟二人，奥克塔儿的事迹已经无从查考，只知道他在与布根第人作战时战死于莱茵河畔。奥克塔儿死后，由路阿担任匈奴的领导人，在公元 422 年（南朝宋武帝永初三年）及公元 426 年（南朝宋文帝元嘉三年）曾进击东罗马帝国。当时的东罗马帝国皇帝狄奥多西二世（Theodosius Ⅱ）慑于匈奴的声势，每年向匈奴进贡金币三百五十镑，而且封路阿为上将军。

几年之后，路阿又向东罗马帝国都城君士坦丁堡进攻，东罗马朝廷众臣向皇帝建议与其签署引渡逃犯等协定。狄奥多西二世便遣使向路阿交涉，希望能得到一个比较和平的解决方式。公元 434 年（南朝宋文帝元嘉十一年），当东罗马使者到达北匈奴王廷帐时，路阿已经驾崩了，由他的侄子伯勒达和阿提拉共同统治匈奴。于是匈奴借口现在是两个国王在位，所以每年进贡的金币也要加倍，也就是说要付七百镑，并且语气强硬地说，如果不接受这个条件，就只好诉诸武力了。东罗马使者深知狄奥多西二世一心只想求和，即使受到再大的屈辱也没有关系，于是就接受了匈奴所提出的每年进贡七百镑金币的条件。

匈奴当时虽然是由两个人共同执政，但实权操于足智多谋又骁勇善战的阿提拉手中，伯勒达成为一个空有王位但无足轻重的人，因此历来的文献几乎都没有提到他。如果与赫赫有名的阿提拉相比，伯勒达的名字就像萤火之对日月。

公元 444 年（南朝宋文帝元嘉二十一年），伯勒达去世，据《世界文明史》推测，是阿提拉下的毒手，于是匈奴正式进入阿提拉统治时代。当时阿提拉王朝统治多瑙河以北自顿河到莱茵河的广大地区，包括今天的匈牙利、罗马尼亚、捷克、波兰以及俄罗斯的一大部分，疆域之大，不让东方的北魏。如果以当年的世界强权而言，超级强国大概只有匈奴与北魏两个了，东、西罗马与南朝宋都不能与之相比。

阿提拉和当时其他的游牧民族征服者有很大的区别，阿提拉善于运用谋略，更善于运用武力。匈奴民族原为多神的泛灵信仰，就是一般文献所说的萨满教，阿提拉利用族人的信仰，将他的君权统治神格化，而且有意让他的残酷手段向外传播，使敌人心惊胆战，为下一次战争奠定胜利的基础，可以说是善于操弄心理战和宣传战。所以白种的日耳曼民族把阿提拉和匈奴人称为“上帝之鞭”或“上帝的灾害”，对他善于运筹帷幄的能力感到恐惧万分。

公元447年（南朝宋文帝元嘉二十四年），匈奴攻入色雷斯（Thrace，今保加利亚、希腊、土耳其交界处）、塞沙利（Thessaly，今希腊中北部）及塞西亚（Scythians，即今俄罗斯南部）时，洗劫七千多座城市，虏获好几千人为奴隶，并且把掳来的妇女分配给匈奴士兵为妻。从此，在欧洲展开了几个世代的民族混合。可以断言，今天欧洲人中拥有匈奴血胤的大有人在，有许多匈牙利人更以自己拥有匈奴血统为荣，纯粹的匈奴人因此而消失了。这种情形和鲜卑族拓跋氏的北魏一样，虽然统治中国北部一百多年，到了隋、唐之后，连鲜卑这个名词都消失了，更不用说

4世纪时的东罗马帝国金币

上面刻有骑马的东罗马帝国皇帝像

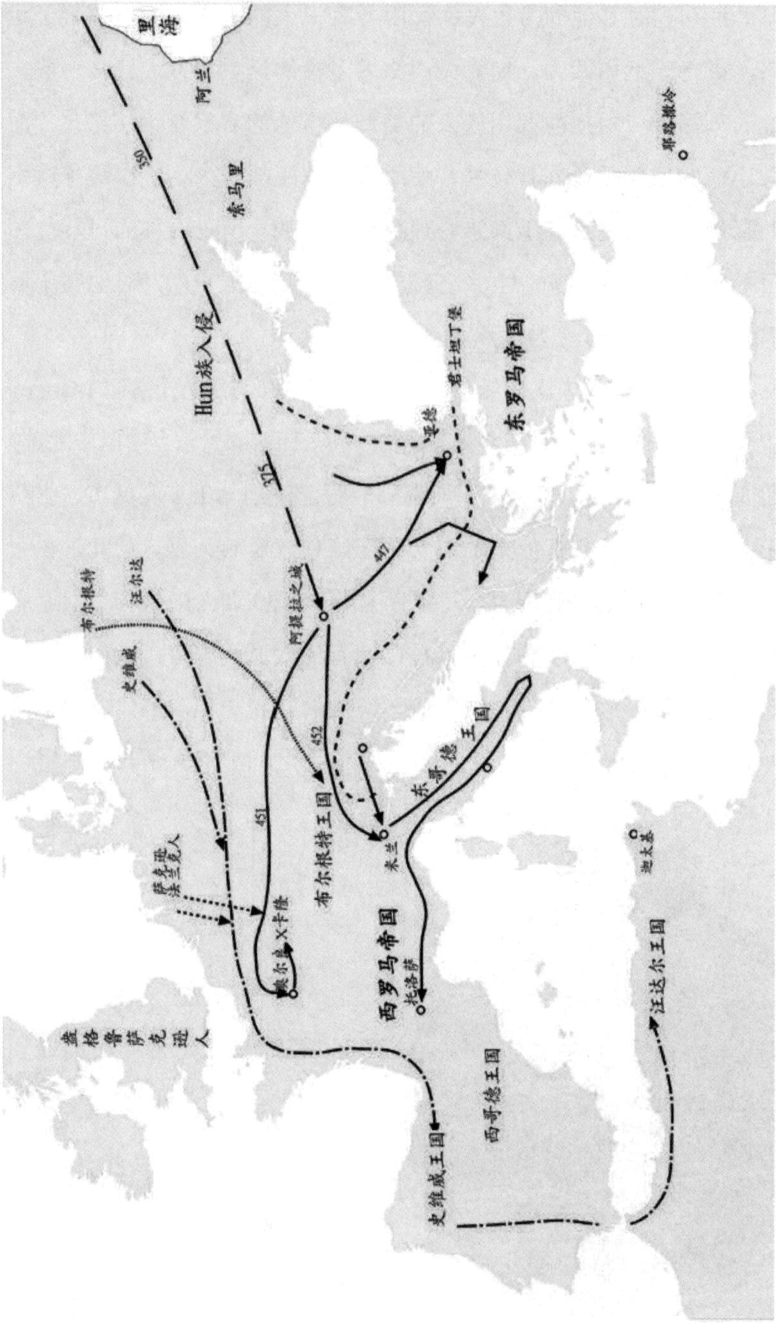
里海
阿兰
Hun族入侵
350
375
东罗马帝国
君士坦丁堡
阿提拉之城
447
452
451
布尔根特
汪尔达
布尔根特王国
东哥德王国
米兰
西罗马帝国
托洛萨
盎格鲁萨克逊人
西哥德王国
史维威王国
汪达尔王国
迦太基
耶路撒冷

匈奴进军路线示意图

展现传统色雷斯少妇装束的绘画作品

纯粹的鲜卑人了。

公元448年（南朝宋文帝元嘉二十五年），阿提拉以极大的声望逼迫东罗马皇帝狄奥多西二世签订了屈辱的条约，把每年的贡金从七百镑提高到两千一百镑，并且要立刻支付积欠的六百镑。

为了支付这笔数额庞大的贡金，东罗马帝国国库空虚，财政陷入破产危机，只得扩大征税，很多东罗马贵族将妻女的首饰变卖，以作进贡之用。东罗马帝国对匈奴征缴的贡金感到难以应付，但是在匈奴强大武力的威胁下，又不敢不付。在这进退两难之时，竟然异想天开，派了刺客冒充使者，进谒阿提拉，想伺机暗杀阿提拉，认为只要阿提拉一死，就可以赖债不付。不料，这项暗杀计划被阿提拉识破了，狄奥多西二世只好惶惶然向阿提拉认罪，请求赦免，并且付上为数极多的赔偿金，阿提拉这才赦免了狄奥多西二世。

公元450年（南朝宋文帝元嘉二十七年），狄奥多西二世驾崩，由元老推举马西安（Marcian）继位为东罗马皇帝。马西安一改以往畏战的屈辱作风，采取强硬的外交手段，并且改组军队以巩固国防。阿提拉发现东罗马帝国已经国库空虚，民穷财尽，即使再度施压也搜刮不到多少财物了，所以就把掠夺的方向做了调整。游牧民族一再向外扩张，最主要的目的就是掠夺，既然东罗马已经榨不出财物，阿提拉就把目标转向西罗马帝国。

西罗马帝国的权臣艾提早些年曾被送到北匈奴做人质，所以熟识阿提拉。这时艾提成为西罗马的权臣，与匈奴暂时维持了一段时间的和平，但当阿提拉无法从东罗马帝国再榨取财物时，还是找了一个奇怪的理由作为攻打西罗马的借口。

当时的西罗马皇帝是瓦伦丁尼安三世（Valentinian Ⅲ），他有一个妹妹荷若尼亚（Honoria），因为被大臣诱拐而被放逐到君士坦丁堡。荷若尼亚为求逃走不惜采取任何手段，于是派手下把一枚戒指送到阿提拉那里，意在向阿提拉求援。但是阿提拉把这个行为解读为荷若尼亚向他求婚，并以此为由向西罗马帝国要求将帝国的一半作为荷若尼亚的嫁妆，西罗马帝国当然不肯答应，于是这就成了阿提拉攻打西罗马的借口。

公元451年（南朝宋文帝元嘉二十八年），阿提拉亲率五十万大军向莱茵河挺进，沿途洗劫特里尔（Trier，今德国西部）及梅斯（Metz，今法国东北）两城，屠杀当地居民。整个高卢就臣服于匈奴的铁蹄之下，并称阿提拉的到来为“神的鞭笞”，意思是说上帝借匈奴之手以鞭笞惩罚他们行为腐败，与誓言洁身自爱不符。

在这次危机中，西哥德年迈的国王狄奥多里克一世（Theodoric Ⅰ）率军援助西罗马帝国，双方在特瓦尔（Troyes，今法国东北）附近的卡塔劳尼亚（Catalaunian）大战一场。战况之激烈可以说是腥风血雨，是欧洲史上空前的大战役，据说有十六万两千人阵亡，狄奥多里克一世也在战场上身亡。这一战阿提拉没有打赢，但他在撤退时却井然有序，显然实力并没有太大损失。西罗马帝国虽然在表面上看来打了胜仗，实际

16 世纪壁画

由文艺复兴三杰之一意大利画家拉斐尔所绘。描绘 4 世纪时匈奴在阿提拉的带领下准备进攻意大利被教皇利奥一世劝阻的场景

上却是疲惫不堪，再加上指挥不统一，所以也没有乘胜追击。

公元 452 年（南朝宋文帝元嘉二十九年），阿提拉卷土重来，这次是以今日意大利为目标。首遭战火洗劫的是阿奎莱亚（Aquileia，今意大利北部）城，匈奴为一雪去年之耻，把这座城市彻底毁灭了。接着，匈奴大军继续进攻维罗那（Verona，今意大利北部）与威钦察（Vicenza，今意大利北部），这两座城市可能没有做出太大的抵抗，所以没有遭到屠城的厄运。随后匈奴大军进攻帕维亚（Pavia，今意大利北部）及米兰（Milan，今意大利北部），这两座城市献出大量财物，换来不受骚扰的待遇。至此，匈奴通往西罗马帝国中心的道路已经畅通无阻。

西罗马大将艾提手下并没有多少军队，根本无法抵挡阿提拉的大军。

只是阿提拉在波（Po）河稍做停留，这样就给了瓦伦丁尼安三世逃走的机会，并派基督教教皇利奥一世（Leo Ⅰ）和由两个元老院元老组成的代表团去见阿提拉。双方谈判的内容如何，由于没有文献记载，所以无从知晓，只是谈判后阿提拉就撤军了。或许是代表团承诺赠送财物作为匈奴撤军的条件；又或者听说东罗马援军即将到来，加上匈奴部队发生瘟疫，粮草也不充足，所以撤军了。但是真正的原因如何，到目前仍是一个解不开的谜。

阿提拉在撤退时越过阿尔卑斯山，返回设在今匈牙利的牙帐，这时他声称：除非西罗马帝国将荷若尼亚嫁给他，否则他要在第二年春天再度进军意大利。不久后，阿提拉娶了布根第公主伊尔迪科（Ildico）为妻，尽管阿提拉已经有很多具有羞花闭月之姿、沉鱼落雁之容的美貌妻子，可是伊尔迪科这位金发美女最得阿提拉的宠爱。在新婚之夜，嗜酒的阿提拉狂饮美酒，一直喝到深夜。到了第二天，寝宫里出奇的安静，引起侍卫的怀疑。他们不敢直接叫醒阿提拉，就故意在寝宫外大吵大闹，希望通过吵闹声唤起阿提拉。然而，不管外面如何喧嚣嘈杂，里面依然静悄悄。侍卫觉得太不寻常，只得硬着头皮闯进寝宫看个究竟，可是映入眼帘的景象把他们吓呆了。只见阿提拉直挺挺地躺在床上，嘴角还流着血，呼吸已经没有了，身上毫无外伤。那位金发美女伊尔迪科坐在床边，用面纱捂着脸不停哭泣。一代战神就这样离开了他一手创建的匈奴帝国，而且永远不会再回来了。

阿提拉驾崩后，他的棺木以金银铁三层打造，遗骸放在最里面一层，然后找一块地方深埋入土。埋葬妥当之后，匈奴士兵把所有工人统统杀死，以免这些工人日后引来盗墓者。到目前为止，还没有任何文献记载发现过阿提拉的墓。如果这个传说是真实的，就给未来的史学家、考古学家留了一个挖掘的希望。

阿提拉驾崩后，匈奴帝国由阿提拉的几个儿子瓜分，可惜这几个儿子的才能都比不上父亲，而且彼此之间互相猜忌，只几年的工夫，庞大的匈奴帝国就土崩瓦解了。

阿提拉死后，相传留下这样一首挽歌：

阿提拉，蒙狄祖克之子，神圣的伟人，匈奴人的统帅，勇士们的君王啊！

你以无人能及的伟大力量，独立统治着西徐亚草原和日耳曼尼亚。

你威胁着两个罗马帝国，征服了她们无数的城市，为了保证其他城市的安全，她们全部向您纳贡称臣。

在获得了所有这些成就之后，您最终既不是由于仇敌的陷害，也不是由于下属的背叛，而是在最为快乐的幸福中，在您民族的辉煌中，毫无痛苦地离开了人世。

既然没有凶犯可以让我们为您复仇，那又有谁能说这是您生命的结束？

从上面这首挽歌中看不出匈奴人的悲伤，也没有出现匈奴人剺面习俗的描述，这坐实了乔丹斯是只凭个人的情绪来描绘匈奴族和阿提拉的形象。但西方学者对中国人物或历史的描述大多离不开乔丹斯模式，其影响直至今日的电影、小说。

阿提拉过世时，身边只有伊尔迪科，当然有人怀疑是她下的毒手。所以在阿提拉死后一百多年，有人传说，在阿提拉新婚之夜，伊尔迪科趁着阿提拉酒醉时用匕首刺了阿提拉一下，血涌了出来，可是阿提拉醉了，没有办法吐出鲜血，因而血涌向喉咙，结果阿提拉被活活呛死了。

此说后来被改编成许多剧本，其中最著名的就是德国中世纪叙事史诗《尼伯龙根之歌》（*The Song of the Nibelungs*）。意大利歌剧音乐家威尔第（Giuseppe Verdi，1813—1901）也在三十一岁时创作了以《阿提拉》为剧名的歌剧。

阿提拉在世时，尽管带给当时的西方人不少噩梦，但他所缔造的传奇让后人咏叹不已。中国北方游牧民族能够融入西方歌剧的可能只有阿提拉这一个人了。

第十二章

今天的匈奴

行国的始祖

匈奴狐鹿姑单于在给西汉的“国书”中曾经提出：“南有大汉，北有强胡。胡者，天之骄子也。”在这短短十五个字里，第一，说明天下是由西汉和强胡分别拥有。第二，匈奴自称为胡。第三，解释了所谓“胡”就是天所孕育而最值得骄傲的民族。口气不小，野心更大。

冒顿单于所率领的匈奴，以不到西汉十分之一的人口，聚居在中国北部的莽莽草原之中，几乎都无法发展农业，竟然能够把建立西汉的高祖刘邦围困在白登，迫使西汉以每年向匈奴赠送米、酒、布帛及美女为条件，冒顿单于才肯撤兵。从汉高祖历经吕后、文、景到汉武帝初年，都是用这种被汉武帝认为是屈辱的方式换取汉匈之间的和平。匈奴在这六七十年里总是占上风，自诩天之骄子并不为过。

然而，匈奴凭什么以较少的人口、较恶劣的生存空间而能取得如此傲人的“成就”？原因在于以下几点：

一、从中国的长城、秦岭一线以北，直到贝加尔湖周边，东起大兴安岭东端，一直向西延伸到里海周边，在这片广阔的空间中，除了河流周边有些许农耕地区外，几乎都是草原、沙漠，所以在地形和地貌上都非常相似。古往今来，在这片广阔的空间中，曾孕育出许许多多的民族，由于地形地貌的近似，各民族聚居地之间又没有明显的此疆彼界，所以在自然条件极其相似的情形下，孕育出的生活方式也就相差无几。在这种情况下，只要有一个民族强大起来，附近其他民族就会很自然地向这个强大的民族靠拢，往往把自己也归类为这个强大的民族。如匈奴强盛时，诸引弓之国皆号匈奴，之后鲜卑、突厥强大时，情况也是一样；蒙古强大后，许多原来不是蒙古族的也都归入蒙古。所以在草原上，只要一个民族一旦强大，尽管自己人数不多，可是很快就会像滚雪球一样愈滚愈大，人数对游牧民族而言并没有太大的意义。因此，西汉初年，匈奴人口只抵得上西汉的一个郡，但是却带给西汉莫大的威胁。

二、在近代内燃机发明之前，最快速的交通工具毫无疑问是马匹，匈奴民族从中亚塞种人那里学到驾驭马匹的技术，时间是在中国传说的三皇五帝时代左右，比华夏民族要早很多。依据历史的发展过程看，谁能掌握较快的速度，谁就能掌控较大的空间。据史传所载，匈奴小孩先学骑羊，稍微长大就学骑马，所以匈奴民族人人精于骑马。试想，一个骑兵，一个步兵，如果作起战来可以说是胜负立判。战国时赵武灵王必须胡服骑射，否则无法抵挡匈奴，这也就是匈奴人数虽少武力却反之较强的原因所在。

三、北亚地貌以草原和沙漠为主，沙漠是滴水全无、寸草不生之地，所以又叫荒漠。游牧民族的衣食都仰赖牲畜，而牲畜则以吃草为生，所以草场就成为游牧民族赖以为生的根本，维护草场就如同维护生命一样重要。草场当然是愈多愈好，所以扩张就成为游牧民族天生性格的一部分。

由草原、沙漠自然环境所孕育出来的游牧民族拥有向外扩张的潜在性格，所以任何时代的游牧民族，除非武力不如人，否则都会尽情地、无止境地向外扩张，这种占有欲使得匈奴勇于扩张。

四、游牧社会物资比较缺乏，而人类对物资需求的欲望又是永无满足之时，多要更多，好要更好。游牧民族逐水草而居，许多需要长时间安定才能制作的物品，如纺织、酿酒等都不是游牧民族所擅长的，而这些又是日常生活所必需，如果不能经由他们认为合理的方式交换或贸易取得，就只好诉诸武力。游牧社会的结构是以血缘性的氏族、部落为基础，每一次与邻部或其他民族战争后，胜的一方总是将战利品分给参与作战的每一位成员，因此战争往往被视为获得物资的机会，人人对战争充满期待，战争为每一个参与者提供了莫大的诱因，有了诱因就自然激发了旺盛的战斗力。

五、草原生活简朴，最主要的工作就是放牧牛、马、羊等牲畜，既要防备自己的牲口不被邻部掠夺，又要阻止野兽的攻击，放牧或豢养牲畜本身就充满了战斗性质。狩猎更是游牧民族的主要活动，狩猎等同战争，因此可以说游牧民族生活就是在战斗。众所周知，生活条件愈接近战争的，战斗力就愈强，反过来也一样。所以，游牧民族对农业民族而言，往往是以一当十。游牧民族经常以少胜多，这是原因之一。

六、游牧民族社会组织简单，没有层层的官僚机构，所以效率高。凡是效率高的，必然优于效率低的，尤其在战争中，时间往往决定胜负。游牧民族以骑兵为主，再加上快速灵活的指挥，当然获胜的机会就大了。

七、游牧的匈奴大致生活在大漠南北，尤以漠南是最重要的聚居区，沿长城一线是游牧民族与农业民族最主要的冲突区，几乎所有的战争都发生在这一带。游牧民族打胜了，当然可以南下掠夺物资甚至人口；如果打输了，北方有近乎无限的空间可供撤退。再加上冬天奇冷，农业民族的军队如果想乘胜追击，要先考量所带的粮草是否充足，如果想向北追逐三个月，就得带足六个月的粮草。还要考虑能否适应冬季奇寒、夏季极热又缺水的自然条件。

面对自然的制约，农业民族即使打了胜仗，也往往是适可而止。游牧民族则不然，由于生于这里，长于这里，他们既能适应草原沙漠恶劣的气候环境，又能找到水源，所以即使战败了，还有无限宽广的空间作为回旋，稍做整补，待以时日，还可以卷土重来。这也就是为何汉武帝多次对匈奴予以痛击，而匈奴依然继续存在的原因。前后两位匈奴呼韩邪单于的附西汉、降东汉，都是由于内部不靖，彼此争夺单于之位，所以才有附汉或降汉之事。

匈奴既然具有这些特质，那么从两汉一直到五胡十六国之后，从南北朝到隋唐，中国境内却再也没有出现过匈奴这个词，昔日的“天之骄子”到哪里去了？

融入中国的匈奴

汉武帝征伐匈奴之前，已经有许多西汉人民投降匈奴，像韩王信、沿边胡人卫律、卢绾等。他们投降匈奴时，不仅是携家带眷，甚至还带了很多追随者，赵信更以整座城降于匈奴。这些是有名有姓、有相当政治和社会地位的人，所以文献才会记载下来。至于那些没有什么名气或沿边各郡的百姓，他们或威服于匈奴的强大，或受不了官僚的剥削，向北投靠了匈奴，人数可能也不少。这对西汉而言绝对不是光荣的事，所以能够不记载的就尽量不记载。

依据以往的一些历史文献，总是说北方草原的游牧民族，从匈奴、柔然、突厥、鲜卑以至蒙古，全都残忍好杀，所以在认知上可能会以为这些投降匈奴的西汉人民都被杀了，其实匈奴几乎不杀来降者。他们在战场上只有一个行为准则，那就是克敌制胜。如果以战场上的行为来衡量一个民族或一个国家的民族性或国格，将有失公允。

匈奴将来投降的人基本上都安置到部落里，因为匈奴人口太少，急需人力以提高生产力。依据史传所统计的资料，秦始皇二十六年（前221），秦始皇平定六国统一天下时，全国只有两千万人，到了汉武帝决定征伐匈奴时，西汉也只有三千万人。当时匈奴总人口大约相当于西汉的十分之一，也就是说大约三百万人，所以在胡、汉对峙时，匈奴对人力的需求就更显得殷切了。卫律、韩王信、赵信、卢绾以及一般老百姓投降匈奴，带去的人有五万左右，如果这个数字可以被接受的话，也就是说在汉武帝伐匈奴之前，在匈奴总人口中，每六十个人中就有一个是西汉的子民。这些人在匈奴社会里，当官的继续当官，做百姓的也仍然做百姓，时间一久，结婚生子。所以，在西汉征伐匈奴以前，匈奴民族中已经渗入了西汉人民的血胤。何况其间还有不少经由和亲嫁给单于的汉族女子，她们所生的孩子就成为贵族，也就是说匈奴贵族中也有汉族的血胤。

到了汉武帝决定停止和亲以武力对付匈奴时，双方在战场上刀兵相见，战死沙场的姑且不论，彼此因战败而投降的也为数不少。投降匈奴的，像李陵、李广利都不是只身一人，尤其是李广利的两三万士兵，最后都融入匈奴族。投降西汉的匈奴人为数更多，只要打开《史记》《汉书》和《后汉书》一查，就会有许多具体的数字，如果粗略估算一下，应有几十万人之多。这些投降的匈奴人，东汉和西汉政府都没有斩杀，而是把他们安置在沿边各郡，与汉人杂居。其中还有在西汉当大官的，最有名的例子莫过于金日磾，他深受汉武帝信任，不只当了大官，而且还成为汉武帝临终时的顾命大臣。时间一久，他的后代就成为不折不扣的汉人。至于其他来降的匈奴人，既然在沿边居住，就免不了与沿边各郡的汉人通婚生子，渐渐地，匈奴的血胤也渗入汉人之中。

东汉时期，南匈奴呼韩邪单于比附汉后，好几十万匈奴人几乎都生活在塞内。东汉末期建安年间（196—220），曹操当权，曾经整编南匈奴各部落，几乎打散原有的血缘型组织，把匈奴分为五部，立其中贵族为帅，另外以汉人为司马进行监督。到了三国时期，曹魏将帅改为都尉，其分治如下：

左部都尉：分布于太原故泫氏县（今山西省高平市），有万余落。

右部都尉：分布于山西祁县（今山西省祁县），有六千余落。

南部都尉：分布于山西蒲子（今山西省隰县），有三千余落。

北部都尉：分布于山西新兴（今山西省忻州市），有四千余落。

中部都尉：分布于山西大陵（今山西省文水县），有六千余落。

“落”就是帐篷，也就是今天大家常说的“蒙古包”，每落就是一个家庭，以上共有大约三万落，如果每落以五人到十人计，也就是有十五万到三十万人之多。就当时的情形来看，三十万人已经是一个很可观的数字了。

后来司马炎代魏而建西晋，晋武帝泰始三年（267），又有塞外匈奴两万余落来降，西晋就让他们在河西旧宜阳城下与汉人杂居，于是今山西、陕西北部各郡都有匈奴人，由于与汉人杂居，这些匈奴人慢慢地也像汉人一样有了姓氏。据统计，东汉晚期以来，匈奴族采用的汉姓大致有：刘、金、王、陈、郭、高、乔、石、梁、郝、独、张、曾、李、毕、赵、夔、冯、刁、成、路、黄、隗、董及卫等二十多个。虽然不能武断地说今天山西、陕西北部姓这些姓氏的人都是匈奴族的后裔，但是绝对可以说山西、陕西北部这些姓氏之中，必然有匈奴族的后裔。胡汉杂居的情况在沿边各郡成为一种常态，因此西晋时江统才会说：“关中之人，百万余口，率其多少，戎狄居半。”这时如果要找出有纯正的天之骄子血胤的匈奴人，恐怕难度很高；同样，在沿边各郡想找出真正的炎黄之胄，恐怕也不容易了。

西晋“八王之乱”后，北方诸少数民族纷纷趁乱割地自立，建立政权，首开其端的就是匈奴族的刘渊。刘渊虽然也被认定是匈奴单于一系的后人，但从他的名字来看，已经十足像个出身于书香世家的汉人了。他姓刘，因为两汉与匈奴和亲的关系，匈奴贵族自认为是两汉帝室的外甥，俗话说外甥似舅，所以顺理成章地随了舅舅的姓，这已经是汉人的文化传统思维逻辑了。再看他名渊，字元海。汉人书香世家取字的方式，大致上与名有相当的关联，或与名相辅，或与名相对，如诸葛亮，字孔明，盖亮者，明也。渊是水深处的意思，刘渊的字元海，元是大的意思，元海就是大海，和渊字是相辅的。由此可以看出，五胡十六国时期的匈奴贵族，大致都有很深厚的汉文化素养，他们的学识绝对在一般的平民汉人之上。

在五胡十六国时期，匈奴族或曾经与匈奴有关的少数民族，建立了汉赵（或称前赵）、后赵、夏及北凉四个政权或王朝。然而当北凉被鲜卑拓跋氏的北魏灭了之后，匈奴这个名词就慢慢从历史文献中消失了。早期北魏的都城在平城，当时包括匈奴在内的各少数民族贵族多半被强制性地迁到平城。到北魏孝文帝迁都洛阳（494 年）之后，这些上层社会的胡族又都迁到了洛阳。北魏朝廷规定他们以洛阳为籍贯，死后也必须葬在洛阳。此时的这些少数民族几乎与汉人在文化、生活习俗上完全一致了，融入了许多汉人的习俗，而北方的汉人也同样融入了许多胡人的习俗，彼此互相混融，孕育出后来璀璨、多元耀眼的隋唐文化，让举世惊艳不已。所以我们对此不宜以简单的“汉化”一词进行总结。唐代大诗人刘禹锡，如果追溯他的族源，就是匈奴族的后裔。许多重要的政治人物，如刘政会、李元纮、独孤及、刘季真及房琯等人，也都有可能是匈奴族的后裔。当然，文献未曾记载的匈奴后裔更多。

如果从历史记录中推测，可以知道有许多匈奴后裔融入汉人之中。匈奴早期的贵族有兰氏、呼衍氏、须卜氏、丘林氏等，后来许多“贵族”的后裔鲜卑化，鲜卑后来又与汉人融合，这些匈奴贵族的后人转了一圈，也与汉人混融了。魏晋时期，匈奴五部几乎都分布在今天的山西省中北部，其中乔林氏简化为乔氏。近代中国北方最大商号的晋商乔氏或许就是族出匈奴。当然这种推测还需要有更多的文献支持，这里只是就历史“情况”揣测而已。

总而言之，“天之骄子”经过一两千年时间的沉淀，已经与汉朝之人、魏晋之人逐渐融合成隋唐时代的唐人。民族的混融是人类历史演化的铁律，目前全世界几乎找不到一支有着纯粹血统的民族，匈奴这一名词虽然在中国消失了，但是匈奴民族的血胤却保留在华夏之中。

匈奴与匈牙利

再看看天之骄子在西方的情形。尽管阿提拉过世后匈奴帝国很快就瓦解了，但是构成阿提拉帝国的北匈奴人并没有撤离欧洲，只是在高加索人种印欧语系之中成为少数。有许多人误以为匈牙利就是古代匈奴的后裔，然而今天的匈牙利人在体质特征上是十足的白种人，说匈牙利人就是匈奴的后裔，这是不可靠的说法，只能说匈牙利里面的马札儿（Magyars，即匈牙利人）人可能拥有匈奴的血胤，然而由于长时间的民族混融，匈奴又居于少数，在时间的淬炼下，匈奴的黄种人体质特征自然就渐渐消失了。

匈奴帝国曾经在世界史上写下令人震惊的一页，在不少西方文学作品里也常常提到阿提拉。文艺复兴的方言文学大师但丁（Dante）在他的代表作《神曲》（*La Divina Commedia*）中的第七层炼狱里提道：“浸在一条沸滚的血河中，被称为‘世界之鞭’。”这个“世界之鞭”指的就是阿提拉。无论如何，阿提拉在西方白种人的潜意识里仍然具有英雄性格。在今天的匈牙利人中，仍有一些男子以阿提拉为名，可见阿提拉的名字在欧洲仍有影响力。

2005年，匈牙利有一些人自称是匈奴王阿提拉的后裔，因而向匈牙利政府申请承认匈奴是法定的少数民族，而匈牙利的“全国选举委员会”也宣布，必须要找到一千个人都承认自己是匈奴族，并得到他们的有效签名，政府才会考虑这项提议。

此外，在今日匈牙利境内有一座以匈奴为主题的公园，公园的负责人说：阿提拉的墓就在公园的地下，但其真实性仍有待考证。

历史上的天之骄子匈奴，虽然在一千多年前已经从历史舞台上走了下来，但是天之骄子的血脉却分布在东方的中国人与西方高加索种的白人之中。天之骄子并没有消失，而是活在你我之中。

阿提拉至少有三个儿子。阿提拉一手创建的匈奴帝国原本就不是一个组织严密、层级分明的国家，只不过是一个强大领袖凭借所向无敌的武力逼迫许多被征服民族临时聚合在一起，再向外扩张、掠夺的利益共同体。当阿提拉一过世，强有力的领导中心不见了，这个利益共同体也就立刻溃散，原来降附匈奴帝国的各民族领袖对国王的头衔充满了向往，彼此寻找志同道合的民族领袖结盟，以脱离匈奴帝国作为诉求。阿提拉的子嗣也同样为了争夺帝国的领导权而彼此倾轧，整个匈奴帝国即将崩溃。

最先高举叛旗的是东哥德族，他们与另一支日耳曼族加必多(Gepids)结盟，之后又有许多日耳曼民族陆续加入，力量逐渐扩大，在公元455年(南朝宋孝武帝孝建二年），终于正式与匈奴帝国发生武装冲突，双方在匈牙利平原上的尼德（Nedao）河畔展开一场大战。匈奴帝国由阿提拉的长子艾尔瑞克（Ellac）领军，双方决战数十日，结果匈奴军大败，战场上血流成河，双方战死好几万人，艾尔瑞克也在这一场战争中阵亡了。

尼德河畔战役后，匈奴败下阵来，标志着匈奴帝国开始解体。匈奴大军溃败之后，向东方撤退，东哥德族立刻以东罗马帝国同盟者的身份占领了多瑙河以南的班诺尼亚，也就是今天匈牙利平原一带，这里曾是阿提拉匈奴帝国的主要根据地。加必多族则占领了外西凡阿尔卑斯山脉一带（Transylvanian Alps），也就是今天罗马尼亚一带。其他日耳曼系的民族则占据了今天的斯洛伐克（Slovakia）、多瑙河以及提苏（Tisza）河一带，远至今天的奥地利附近。这些日耳曼系民族都被东罗马帝国视为反抗匈奴的同盟者。此外，还有一些哥德族进入东罗马帝国境内的穆西亚、色雷斯等当时仍然空旷的地带。

阿提拉帝国自此瓦解了。从此之后，一直到6世纪柔然（西方史学家称之为阿瓦尔，Avars）出现之前，日耳曼系各民族都是中欧的主人。

阿提拉的幼子哈尔纳克（Ernakh）率领另一支匈奴人迁徙到多瑙河口的多布鲁甲（Dobruge）一带，此地北边是罗马尼亚领地，南边则为保加利亚领地。哈尔纳克以此作为根据地，希望能恢复阿提拉的荣光，他甚至一度把疆域扩张到第聂伯河一带。东罗马皇帝芝诺（Zeno，425—491）在位时，哈尔纳克曾发动一场对东罗马的战争，却以失败收场。

阿提拉还有一个儿子叫丹戈斯克（Dengesik），居住在第聂伯河与聂斯特河之间的谷地，由于地理位置偏东，离日耳曼系各民族和东罗马帝国比较远，所以保持了比较强大的武力。公元462年（南朝宋孝武帝大明六年），丹戈斯克企图重新进入中欧，率军突击了东哥德人所盘踞的班诺尼亚，可是被东哥德所击败。公元468年（南朝宋明帝泰始四年），丹戈斯克再度率军西渡多瑙河，西征东罗马帝国。只是他缺乏父亲的雄风，不但打了败仗，自己还成为东罗马帝国的俘虏，他的头颅被挂在君士坦丁堡圆形剧场内，等于向世人宣告，匈奴帝国已经彻底灭亡了。